JEAN, JEANNE ET JEANNETTE

PAR

MAXIMILIEN PERRIN

2

PARIS
LOUIS CHAPPE, LIBRAIRE-ÉDITEUR
Successeur de Hyp. SOUVERAIN
5, RUE DES BEAUX-ARTS, 5.

1860

JEAN, JEANNE ET JEANNETTE

Sceaux (SEINE). — Imprimerie de E. Dépée.

JEAN,
JEANNE ET JEANNETTE

PAR

MAXIMILIEN PERRIN

2

PARIS

LOUIS CHAPPE LIBRAIRE ÉDITEUR

Successeur de Hyp. Souverain
5, rue des Beaux-Arts, 5.

1860

I

1815.

C'était sur la fin de l'année 1815, dans le mois de novembre, que, sur le midi, une jeune personne, d'une mise simple et élégante, cheminait, les yeux modestement baissés et d'un pas vif, sur le boulevart des Italiens. Sur les traces de cette jolie fille, car elle était jolie et à peine âgée de dix-huit ans, marchait un beau jeune homme paraissant avoir vingt-quatre ans à peine, et duquel la tournure et la mise annonçaient un heureux du siècle, c'est-à-dire un personnage favoirsé de la fortune.

Comme la jeune fille quittait le boulevart pour entrer dans la rue Grande-Batelière, le jeune homme qui la suivait s'approcha d'elle et, d'une voix timide, lui adressa ces mots à voix basse :

— Mademoiselle, de grâce !

— Toujours vous, monsieur? Mais, en vérité, je ne puis comprendre l'obstination que vous mettez à me suivre, à me parler depuis plusieurs jours. Je ne vous connais pas, monsieur. Pour qui me prenez-vous donc, pour espérer que je répondrais aux mille questions que se permet de m'adresser un inconnu en pleine rue ? répondit d'une voix brève la jeune fille en essayant en même temps de communiquer à son adorable visage toute la sévérité dont ces paroles étaient empreintes.

— Hélas ! mademoiselle, excusez une importunité que m'inspirent vos charmes et cette grâce infinie répandue dans toute votre personne. Je suis un honnête homme dont les intentions sont pures, et qui s'estimerait le plus heureux des mortels si vous consentiez à l'admettre au nombre de vos amis, répliqua le jeune homme.

Puis, voyant que la jeune fille ne dai- seulement gnait pas répondre à ces paroles et même qu'elle pressait le pas encore plus, afin de s'éloigner de lui :

— Au nom du ciel! reprit-il, ne me fuyez pas, daignez m'entendre, me permettre de vous connaître, mademoiselle. Tel que vous me voyez, quoique jeune et riche, je ne suis point parfaitement heureux, car, excepté de ma mère, je ne suis aimé de personne, et quelque chose murmure tout bas à mon cœur que si je parvenais à conquérir votre estime, votre confiance, rien ne me manquerait plus, et que je serais heureux... Ah! ne croyez pas qu'en vous ouvrant ainsi mon cœur je m'adresse à une inconnue, car alors il y aurait perfidie ou sottise de ma part. Je sais qui vous êtes, mademoiselle ; vous vous nommez Jeannette Flameti ; votre père, auprès de qui vous vivez ; votre père, qui vous aime et que vous aimez, est un compositeur de musique, un honnête homme et un homme d'un grand talent ; je sais encore que vous êtes une jeune personne d'une vertu, d'une sagesse exemplaire, pleine d'instruction, de talents, digne enfin de l'admiration du monde entier. Et lorsque je sais tout cela, que je meurs d'amour pour vous, vous exigez que, docile à votre volonté, je cesse de vous voir, de vous suivre, d'implorer de vous un mot, un regard bienveillant. Ah! dites-moi donc de mourir plutôt que d'exiger une chose au-dessus de mes forces.

Jeannette, puisque Jeannette il y a, en entendant bourdonner malgré elle toutes ces jolies choses à son oreille, les sentait aussi s'infiltrer dans son petit cœur, encore bien malgré elle; car, quelle est la femme capable de demeurer insensible devant les hommages que lui rend un homme jeune, aimable, et qui paraît sincère?

— Alors, monsieur, puisque vous avez de ma personne une opinion aussi flatteuse, pourquoi vous faire un méchant plaisir de me tourmenter, de me compromettre en me suivant, en me parlant en pleine rue?

— Vous tourmenter, moi, qui vous aime, vous respecte! Qu'osez-vous dire ? Quant à vous parler dans la rue, j'ai tort sans doute, et je comprends que votre dignité s'en offense. Mais ai-je donc le choix du lieu? Ah! que n'ai-je le bonheur connu de monsieur votre père et d'être admis chez lui!... Mademoiselle, comment donc faire pour mériter cette grâce que j'implore?

Pour toute réponse à cette demande, ce fut un froid, mais poli salut que reçut notre jeune homme, car Jeannette, qui venait d'atteindre sa demeure, située rue de Provence, non loin du faubourg Montmartre, y pénétra d'un pas vif et disparut aux yeux de l'amoureux, lequel demeura confus et désolé, le regard rivé sur le péristyle de la maison, sans oser y pénétrer.

— Décidément, je n'obtiendrai jamais rien de cette sauvage vertu, dont les rigueurs augmentent encore la passion sincère et brûlante que ses charmes m'ont inspirée. Comment faire? quel moyen employer pour être admis chez elle?

— Pour la tromper, en faire ta maîtresse et la planter là le jour où la satiété aura éteint tes désirs; n'est-ce pas, Henri? répondit un personnage aux questions que, dans son dépit, se posait le jeune homme, lequel, s'étant vivement retourné, reconnut en Robert de Saligny, jeune seigneur à la mode, un de ses meilleurs amis.

— Ah! quelle erreur de ta part, mon bon Robert, et combien tu te rétracterais si tu connaissais l'ange que j'adore sous l'enveloppe terrestre d'une charmante jeune fille de dix-huit ans qui, à une rare beauté, à une grâce sans pareille, joint toutes les vertus les plus estimables à une grande éducation.

— Oh! oh! une huitième merveille, n'est-ce pas?

— Oui, une merveille, en effet, belle

comme un astre... Mais en vérité, je crois, Dieu me pardonne, que tu lui ressembles un peu, fit Henri avec surprise tout en fixant Robert.

Comment, flatteur, tu trouves que je ressemble à un astre? fit gaiement Robert de Saigny; prends garde! tu vas me rendre fat... Çà, où as-tu fait connaissance de cette petite perfection?

— Sur le boulevart, où elle passe tous les deux jours et à la même heure.

— Une conquête de rue, fi donc!

— Voyons, Robert, daigne m'écouter et comprendre avant de juger. Cette jeune personne se nomme Jeannette...

— Voilà un nom assez prolétaire, ma foi ! observa Robert.

— Écoute-moi donc sans m'interrompre. Elle se nomme Jeannette Flameti ; est la fille bien-aimée d'un de nos meilleurs musiciens-compositeurs.

— Je connais fort ce maëstro, mais de réputation seulement, pour avoir entendu ses opéras et ses romances plaintives.

— Tu sais, reprit Henri, qu'à midi, et de par ordre du médecin qui m'a soigné dans ma dernière maladie, je fais souvent une promenade sur le boulevart. Un jour, tout en flânant et musant, mes regards aperçurent venir au loin cette charmante Jeannette dont la beauté, l'air modeste et la gracieuse tournure firent soudain sur moi l'impression la plus vive. Je me mis à la suivre discrètement, sans oser lui adresser la parole, jusqu'à la porte de sa demeure, où tu m'as rencontré tout à l'heure. Le surlendemain, même rencontre ; mais cette fois, j'osai risquer quelques mots flatteurs à l'oreille de la jeune fille, qui, feignant de ne pas m'avoir entendu, resta muette sans daigner tourner la tête. Impatient de savoir ce qu'elle pouvait être, et après l'avoir vu rentrer dans sa demeure, prenant mon courage à deux mains, j'entrai chez le concierge de la maison de ma belle, sous le prétexte de visiter un appartement qui se trouvait à louer; puis, après avoir glissé un napoléon dans la main dudit concierge, je fis jaser cet homme sur les gens qui peuplaient la maison, lequel, après m'avoir établi la biographie des locataires du premier et du deuxième étages, aborda enfin celle des personnes du troisième. Monsieur, me dit cet homme, cet étage ne se compose que d'un appartement du prix de cinq cents francs, il est occupé par un monsieur d'un certain âge, et par sa fille, tous deux excellents musiciens, gens honnêtes, paisibles et surtout très généreux; j'en sais quelque chose. M. Flameti est veuf depuis cinq ou six ans; et l'on m'a dit en secret que sa défunte femme était une des meilleures comédiennes et cantatrices du théâtre Feydeau. Quant à mademoiselle Jeannette, sa fille, c'est un véritable ange du bon Dieu; c'est sage, c'est studieux, et ça a du talent jusqu'au bout des ongles; aussi il faut voir combien cette fille-là est estimée dans le quartier; et son brave père, donc! Or quand il donne de petits concerts d'amis, il faut voir la belle société s'empresser d'accourir et de se presser dans l'appartement pour entendre et applaudir le talent du père et celui de sa jolie fille.

— Comment se fait-il, demandais-je, qu'une jeune personne aussi accomplie ne se marie pas?

— Ce n'est pas faute qu'elle n'ait trouvé de très beaux partis, quoiqu'elle uait pas une riche dot; mais mademoiselle Jeannette aime tant son père, qu'elle ne veut point se marier dans la crainte de s'en séparer.

— Peut-être bien encore que M. Flameti, jaloux de conserver un enfant aussi charmant, l'encourage-t-il à rester fille ? observais-je au concierge.

— Erreur, monsieur, s'empressa-t-il de me répondre, erreur ! car rien de plus prudent, rien de moins égoïste que ce brave homme qui, d'une faible santé, et d'un caractère naturellement triste et timide, voudrait voir mademoiselle Jeannette mariée à un bon et honnête homme qui la rendrait aussi heureuse qu'elle mérite de l'être. — Choisis bien et marie-toi, mon enfant, car je puis mourir un jour, et ce serait pour moi un cruel tourment que de te laisser seule et sans protecteur sur la terre, lui répète-t-il sans cesse ; et mademoiselle lui répond chaque fois en riant : Bon père, tu vivras plus longtemps que moi.

— Voilà, mon cher Robert, ce qu'est cette Jeannette, et comment je l'ai connue.

— Fichtre ! je suis curieux de voir cette merveille accomplie, à laquelle je ressemble, fit Robert.

— Eh bien ! c'est facile ; après-demain,

entre onze heures et midi, trouve-toi sur le boulevart des Italiens, et je te la montrerai.

— J'y serai!... A propos, sais-tu où elle va et d'où elle vient de deux jours l'un? s'informa Robert.

— Donner des leçons de piano à la jeune duchesse de Candeilh, dont l'hôtel est situé au faubourg Saint-Honoré.

— La duchesse de Candeilh! Mais j'ai l'avantage d'en être connu et même invité à ses brillantes soirées. Parbleu! je veux te mener chez elle, où, présenté par moi, tu seras bien reçu...

— Mieux encore, mon cher ami, où je

pourrai sans doute rencontrer Jeannette
et lui parler ! Ah ! mon cher Robert, fais
cela, et je t'en aurai une éternelle reconnaissance, s'écria Henri tout joyeux.

— Je le ferai. Mais laissons un peu de
côté la mademoiselle, pour me donner des
nouvelles de la santé de madame Lambert,
ton excellente mère, dit Robert.

—Ma mère, quoique toujours fort triste,
se porte beaucoup mieux, et le climat de
Paris semble lui être plus favorable que
celui de l'Amérique.

— Je le crois sans peine. Ah çà, cher
Henri, avez-vous découvert ce que vous
êtes venu chercher ici ? Enfin, avez-vous

quelque espoir de retrouver ce mari, ce père tant regretté ?

— Hélas ! ni l'un ni l'autre, mon ami; c'est en vain que depuis six mois, que nous sommes à Paris, nous employons notre temps et nos efforts pour savoir s'il existe encore ou ce qu'il peut être devenu, et personne n'a pu jusqu'alors nous renseigner, cela se comprend ; tous les gens qui connaissaient mon père, lorsqu'il épousa et vécut avec ma mère, sont morts ou disparus. C'est qu'il y a vingt-quatre ans de cela ; et depuis, il s'est passé tant de choses, tant de drames sanglants, soupira Henri.

— Oui, les échafauds de la République et vingt années de guerre ! fit Robert.

— Ma pauvre mère, en voyant nos recherches inutiles, commence à se désespérer, à perdre courage et l'espoir de retrouver l'époux bien-aimé, auquel un père orgueilleux et implacable l'arracha par la ruse et la force.

— Robert, le pauvre Jean Flamet sera mort de chagrin après avoir perdu sa compagne bien-aimée.

— Ou, peut-être que, contraint par la misère, aura-t-il quitté la France, ce que nous font supposer le dire de quelques vieilles gens du quartier qu'habitait mon père, lesquels prétendent que, découragé par le chagrin d'avoir perdu sa femme, le pauvre homme s'était laissé tomber dans une telle misère, qu'il manquait même de ce pain si nécessaire à l'existence... Hélas! moi, si riche aujourd'hui, moi, l'héritier de la fortune immense du marquis de Givry, combien il m'est douloureux de penser que l'auteur de mes jours est peut-être mort de faim !

— Oui, cela est fort triste en effet, mon cher Henri. Oh! ton grand-père a été bien sévère, bien implacable!

— Au point, ami, de déshériter ma mère, et d'exiger de moi, avant de mourir, le serment de renier mon père si jamais il se présentait devant moi.

— Je pense que tu t'es refusé à prononcer un pareil blasphême?

— Certes ! je n'ai eu garde. Aussi, furieux de mon refus, ce vindicatif vieillard voulait-il me déshériter à mon tour, et, s'il n'était mort subitement, c'en était fait de moi, car il déchirait le testament qu'il avait fait en ma faveur, et donnait toute sa fortune, qu'il tenait en portefeuille, aux hospices de New-Yorck.

— Corbleu ! toi et ta mère, vous l'avez échappé belle ! fit Robert en riant. Ah çà, reprit-li 'ets-ce par esprit de rancune que vous avez échangé votre nom de Givry contre celui de Lambert, et toi, renoncé à ton marquisat ?

— Oui, mon cher. Ce nom de Givry, ainsi que cette qualité, ont été si funestes à ma bonne mère, qu'elle a pris l'un et l'autre en aversion, et se fait appeler madame Lambert tout court.

— Mais, pourquoi pas Flamet, puisque ce nom lui appartient? demanda Robert judicieusement.

— Parce que ce nom qu'elle chérit lui perce le cœur et lui arrache des larmes chaque fois qu'elle l'entend prononcer.

Tout en causant et se promenant ainsi, bras dessus, bras dessous, Robert de Saligny avait reconduit Henri jusqu'à son domicile, situé rue d'Anjou-Saint-Honoré, où il le quitta à sa porte, après lui avoir promis sa visite très prochainement.

Henri et Jeanne, sa mère, arrivés depuis six mois de New-Yorck, s'étaient fixés à Paris dans un petit hôtel qu'ils avaient loué, rue d'Anjou-Saint-Honoré, et dans lequel Jeanne vivait fort retirée. Jeanne, âgée alors de quarante-deux ans, n'était plus la Jeanne adorable et pleine de grâce que nous avons connue; vingt-quatre ans écoulés dans les regrets et les larmes avaient rendu Jeanne méconnaissable, et tracé sur ses traits, toujours beaux et nobles, cependant, les rides d'une vieillesse anticipée. Ah! c'est que la pauvre femme, entraînée au-delà des mers, et retenue captive près d'un quart de siècle, sans cesse torturée par un père implacable qui s'était fait son geôlier et son bourreau, Jeanne enfin, que ce père avait séparée de son fils, dans la crainte qu'en l'élevant elle ne lui parlât de l'auteur de ses jours et lui apprît à l'aimer, Jeanne donc avait horriblement souffert, et le ciel, la prenant en pitié, allait rappeler à lui l'épouse malheureuse, fidèle et inconsolable, lorsque, se trompant de victime, la mort, en frappant subitement le marquis de Givry, rendit la vie et la liberté à sa malheureuse fille, dont la première pensée fut de retourner aussitôt en Europe et de rentrer en France, afin d'y chercher l'époux objet de ses désirs et de ses larmes; ce mari, enfin, auquel elle brûlait de se joindre, si le ciel le lui avait conservé.

Henri, de retour à l'hôtel, s'empressa

de se rendre à l'appartement de sa mère, qu'il trouva seule dans un petit salon, assise devant un piano sur lequel, d'une main indolente, elle exécutait un morceau plein d'harmonie et de tristesse, composé jadis par son mari.

En voyant paraître son fils, Jeanne se dérida quelque peu pour lui sourire et lui présenter sa main, sur laquelle Henri s'empressa de déposer un baiser respectueux.

— Tu jouais cet air plaintif qui ne fait que raviver ta douleur et de t'arracher des larmes, chère mère ? fit Henri.

— Enfant, cette mélodie fut composée

par ton père lors des premiers temps de notre mariage; il me la dédia; ce qui fait, cher enfant, que toujours j'aime à l'exécuter, parce qu'alors je crois encore voir ton père à mes côtés, m'inspirant de son talent, guidant mes mains sur le clavecin, me grondant avec douceur lorsque je me trompais, et me faisant oublier sa réprimande en me donnant une caresse et les noms les plus tendres.

— Pauvre mère! comme vous l'aimiez! comme vous l'aimez encore, ce mari! reprit Henri en entourant sa mère de ses bras caressants.

— C'est que mon pauvre Jean était le meilleur des hommes, et que, lui aussi, il m'aimait tendrement! Ah! si le bon Dieu voulait me permettre de le revoir encore une fois! oui, je consentirais à payer de tout ce qui me reste d'existence le bonheur que j'envie, celui de l'embrasser, de lui dire : Jean, je ne suis pas coupable ; des méchants m'ont arrachée à ton amour, torturée, retenue prisonnière pour me contraindre de t'oublier, mais ils n'ont pu y réussir, car je n'ai jamais cessé de penser à toi, de te chérir et de prier le ciel pour qu'il te conserva à mon amour.

— Le ciel vous exaucera, ma bonne mère. Oh! nous retrouverons ce bon mari, ce bon père, que nous aimerons et rendrons bien heureux.

— Que le ciel t'entende, mon enfant!

mais, hélas! j'ai bien peur du contraire, et que le désespior, le découragement que lui aura occasionnés ma perte ne lui aient donné la mort, soupira Jeanne.

— Mère chérie, je remarque avec chagrin qu'aujourd'ui tu es plus triste qu'à l'ordinaire, or si tu veux m'en croire, afin de te distraire un peu, nous irons faire ensemble une bonne promenade à la campagne, et ce soir nous irons au spectacle à l'opéra.

— Fais de moi ce qu'il te plaira, mon enfant, répondit Jeanne en embrassant son fils, pour ajouter ensuite : — Où as-tu donc été te promener ce matin, mon Henri?

— Sur le boulevart, mère, où j'ai rencontré Robert, mon nouvel ami.

— Ce jeune homme me plaît, car il est amical et paraît être la probité, la franchise même.

— Oui, mère, Robert possède toutes ces qualités, enfin c'est l'honnête homme tel qu'on doit le désirer pour ami. Je suis chargé de vous dire mille choses aimables et polies de sa part.

Tandis que la mère et le fils causaient intimement ensemble, Robert, après avoir quitté Henri, s'était rendu dans la rue Saint-Florentin, puis avait pénétré dans un fort joli petit hôtel où il s'était dirigé tout droit et sans obstacle vers le péristyle.

— Picard, la baronne votre maîtresse est-elle visible ce matin ? s'était informé Robert ?

— Oui, monsieur le comte, pour vous surtout, l'ami de la maison, et qui jouissez des grandes et petites entrées auprès de madame, répondit en souriant le valet auquel Robert s'était adressé.

Sur ce dire, ce dernier passa, monta un étage d'un vaste et riche escalier dont chaque marche était ornée d'un arbuste en fleur, pour ensuite pénétrer dans les appartements et aller frapper discrètement à la porte d'un petit boudoir.

— Entrez !... fit une douce voix de femme.

Ainsi autorisé, Robert tourna un bouton de cristal et se trouva en présence d'une jeune et jolie femme de vingt-deux ans au plus, à la chevelure blonde, aux yeux bleus, et vêtue d'un gracieux et coquet négligé en mousseline blanche qu'enrichissait une foule de broderies et de dentelles.

— Ah! c'est vous, Robert! Soyez le bienvenu, ce matin, car je m'ennuyais à mourir. Vous déjeûnerez avec moi, n'est-ce pas?

— Oui, belle baronne, je déjeûnerai, je dînerai, je souperai avec vous, si tel est votre bon plaisir, car cette manière d'occuper ma journée sera on ne peut plus agréable à un homme très amoureux de vous depuis tantôt deux ans, et que votre rigueur désespère.

— Je vous permets tout, hors d'être amoureux de moi, ce qui, de votre part, est une stupidité, répondit la jeune baronne en jetant sur une table de boule et d'un précieux travail, placée près d'elle, un journal de modes qu'elle parcourait lors de l'arrivée de Robert.

— En vérité, je ne puis comprendre de votre part cet entêtement à rejeter mon hommage, lorsqu'il me semble posséder toutes les qualités requises pour faire un amant au grand complet. Je suis jeune, bel homme, disent les femmes, pourvu d'un cœur aimant, brûlant et d'une constance à toute épreuve; de plus, riche, généreux et titré. Que faut-il donc de plus, cruelle, pour attendrir votre âme?

— Moins de qualités pour devenir l'amant d'une femme comme moi.

— Je ne comprends pas, belle Eva. D'après cela, qui peut plus peut moins, et s'il ne s'agit que de quelques imperfections pour vous plaire, vous n'avez qu'à parler, peut-être bien qu'en fouillant au fond de mon cœur en trouverai-je quelques-unes qui vous seront agréables et vous disposeront en ma faveur.

— Non, Robert, ne cherchez pas à dé-

mériter de l'estime que je vous porte, et
écoutez-moi : une femme de mon espèce ne
peut pas vivre à moins de cent mille francs
par an, et je ne veux pas vous ruiner. Ce
qu'il me faut, à moi, ce sont des minis-
tres, des ambassadeurs, des princes
même, qui me prodiguent l'or à pleines
mains, sans compter, et toujours. Telle est
la raison qui me fit jadis abandonner un
mari roturier que j'adorais, un pauvre diable affligé de quelques mille livres de rentes
que j'avais épousé contre la volonté de mon
père, et qui avait la prétention de vouloir
m'assujétir à une existence mesquine, bour-
geoise, de me condamner à courir les rues
à pied. Enfin, je vous ai déjà raconté dix
fois que mon père, le baron de Langeville, étant mort après m'avoir déshéri-

lée, je n'ai rien trouvé de mieux que d'accepter un amant vingt fois millionnaire, qui s'offrait de réparer envers moi les torts de la fortune, qu'après celui-là, qui fut assez sot pour se laisser mourir, je me vis contrainte d'en accepter un autre non moins généreux ; enfin qu'aujourd'hui j'en suis à mon quatrième, ambassadeur espagnol qui me comble de présents, et que j'estime assez pour lui être bêtement fidèle.

— Mais cet homme, bien qu'estimé de vous en faveur de ses largesses, ne peut qu'être étranger à votre cœur ? reprit Robert.

— Parbleu ! cela va sans dire, répondit Eva.

— Et le cœur est un petit tyran qui veut être occupé.

— Aussi l'est-il.

— Bah ! vous aimeriez quelqu'un? fit Robert avec dépit et surprise.

— Certainement, le pauvre petit mari que j'ai planté là, et que je ne puis oublier, répliqua Eva d'un petit air sentimental.

— Mais auquel vous préférez la richesse, l'or?

— Hélas! bien malgré moi.

— Baronne, d'honneur, vous êtes une singulière femme !

— Ah! je le sais, une folle, une étourdie; mais que voulez-vous? la faute en est aux dieux qui me firent ainsi. Tenez, Robert, je rougis de moi; il y a des moments où je regrette si fort mon cher petit mari que, s'il était homme à oublier le passé, je crois que je consentirais volontiers à retourner habiter avec lui sa petite bicoque de maison d'Auteuil, où il s'est retiré et passe ses jours à me regretter.

— Ce serait généreux de votre part, baronne.

— C'est vrai; mais cette existence me tuerait en moins de quinze jours, soupira Eva d'un ton piteux.

— Fichtre! n'en faites rien alors, et vivez, ma toute belle.

— Telle est la résolution que j'ai prise, me contentant pour fiche de consolation de faire passer ma voiture devant la demeure agreste de ce cher époux, que j'ai quelquefois le plaisir d'apercevoir pardessus la haie de son jardin, occupé à soigner ses fleurs... Oh! alors, je suis tentée de descendre de voiture pour courir me jeter dans ses bras, mais la crainte qu'il ne me repousse me retient seulement.

— Baronne, si au lieu de bourrer votre cœur d'un amour qui n'est plus partagé, vous l'en faisiez déguerpir pour y loger celui que je brule de vous faire partager, qu'en dites vous? Alors seriez-vous peut-être moins malheureuse et ennuyée, observa Robert.

— Robert, un homme comme vous peut désirer de passer un caprice avec une femme comme moi qu'il ne peut estimer ; mais quant à l'aimer d'amour, cela est impossible; or, cher, renoncez à vouloir vous jouer de moi, et contentez-vous de rester ce que vous avez été jusqu'à ce jour, c'est-à-dire un ami, rien qu'un ami.

— Ainsi soit-il ! répliqua Robert en soupirant d'une façon comique.

II

— Encore une fois, chère petite, je te le répète. Je ne vois pas sans peine que tu persistes à continuer, ainsi que tu le fais depuis deux mois, à courir donner des leçons à cette duchesse de Candeilh. Si cette dame tient à toi, à te conserver en qualité de professeur, eh bien! elle n'a qu'à venir étudier ici. Jarni Dieu! quand on veut avoir l'honneur d'être élève de mademoiselle Flameti, la fille d'un compositeur en réputation, on prend la peine de se déranger!

Ainsi disait Jean un matin en voyant Jeannette se disposer à sortir.

— Voyons, bon père, soyons juste et gentil. Réfléchis que madame de Candeilh, qui est la bonté et la générosité en personne, me paie mes leçons vingt francs le cachet, et que nous ne sommes pas assez riches, en dépit de ton talent et celui que tu m'as donné, pour renoncer à ce salaire,

— Pas riche, pas riche! sais-tu, petite intéressée, qu'en dépit des guerres, des invasions, des restaurations, enfin de tous les assauts que nous venons d'essuyer, nous sommes parvenu à mettre près de cent mille francs de côté, joli denier qui remplacera un jour la dot que t'a volé ce Vincent, ce coquin d'homme d'affaires, auquel ta bonne mère avait confié son argent, vol infâme, qui aurait réduit la pauvre petite orpheline à la misère, si le bon Dieu n'avait eu pitié d'elle.

— Oui, en lui donnant en toi un père, un protecteur, un ami qui a eu soin d'elle, et en a fait une fille sage, heureuse, intelligente, enfin, une artiste distinguée.

— Tout cela est bel et bon, mais je trouve, moi, que nous sommes assez riches de notre talent et du produit de mes compositions, pour ne pas exposer ma fille à courir les rues, où elle peut, d'un jour à l'autre, faire quelque fâcheuse rencontre.

— Qu'entends-tu par mauvaise rencontre, petit père? demanda Jeanne très-innocemment.

— Parbleu, celle de quelque godelureau, qui te voyant jolie comme un ange, se permettrait de t'accoster, de te tenir des propos qu'une demoiselle honnête ne doit pas entendre.

— Cher père, tranquillise-toi sur ce point, car n'étant plus une enfant, si jamais m'advenait semblable rencontre, ta fille saura ce qu'elle aurait à faire en semblable circonstance.

— Oh ! je sais que tu es une femme à tête forte et de caractère, mais je n'en suis pas moins très inquiet lorsque je te sais dehors.

— Père, n'ai pas peur ; la fille que tu as élevée dans les principes de l'honneur saura toujours se faire respecter. Maintenant, laisse-moi partir, car la bonne et gentille duchesse, mon élève, m'attend pour prendre sa leçon.

— Va donc petite volontaire, et surtout ne reste pas trop longtemps absente, car j'ai moi-même à sortir pour me rendre chez mon éditeur, de la au théâtre ; et tu sais que lorsque je m'absente j'aime à te savoir en sûreté à la maison.

Jeannette, après avoir de nouveau rassuré son père adoptif, quitta sa demeure et prit le chemin qu'elle avait à parcourir trois fois par semaine, c'est-à-dire la rue de Provence, celle de la Chaussée-d'Antin, et le boulevart jusqu'au faubourg Saint-Honoré.

— J'espère qu'aujourd'hui, et d'après la façon sérieuse dont je lui ai répondu avant-hier, qu'il n'aura pas la hardiesse de me suivre ni de m'adresser la parole, se disait Jeannette, tout en trottinant le regard baissé, en pensant à Henri. Cependant, je ne puis me le dissimuler, ce jeune homme est très-bien, et le peu de paroles qu'il s'est permis de m'adresser n'avaient rien de blessant. J'ai même remarqué qu'il était ému en me parlant, que sa voix tremblait... Oui, ce doit être un honnête homme, ajouta la jeune fille, qui, juste comme elle tournait la rue pour entrer sur le boulevart, se trouva face à face avec Henri en compagnie de Robert. Jeannette ne put s'empêcher de rougir, puis elle doubla la vitesse de son pas.

Mais au retour, même rencontre sur la place de la Madeleine, puis un grand et respectueux salut de la part de Henri et de son compagnon, salut dont Jeannette feignit de ne pas s'être aperçu.

— Quelle audace! oser me saluer comme s'il me connaissait... Ce n'était pas assez d'un importun, maintenant il y en a deux... Pourvu qu'ils ne soient pas assez impertinents pour me suivre et me parler... Décidément, mon père a raison, il n'est pas prudent à une demoiselle de sortir seule, et dorénavant je me ferai accompagner par notre fidèle servante Manette.

Cette fois, Jeannette en fut quitte pour la peur, car elle atteignit sa demeure sans que les deux jeunes gens, qu'elle savait derrière elle, se fussent permis de lui adresser la parole.

En rentrant chez elle, Jeannette trouva

Jean en société d'un ancien ami, de Christian Gauthier, venu tout exprès à Paris pour voir le père et la fille, et les emmener passer une demi-journée à Auteuil, petite partie intime qui se renouvelait souvent.

— Bonjour, Jeannette, fit Christian en embrassant la jolie fille.

— Bonjour monsieur Christian, je suis heureuse de vous voir et je veux en profiter pour vous demander votre avis sur le petit tableau que j'ai achevé hier : je veux que vous me disiez, mon cher et ex-professeur, si votre élève a perdu ou gagné dans l'art que vous lui avez jadis démontré avec autant de zèle que de patience.

— Tu as gagné petite, et ta jolie peinture est un véritable chef-d'œuvre, s'écria Jean.

— Oh! je me fie pas à toi, père, qui trouve toujours admirable tout ce que je fais, tant tu as de bonté et de faiblesse pour moi, disait la jeune fille, tout en apportant et présentant son œuvre à Christian, qui s'empressa de l'examiner pour ensuite s'écrier avec enthousiasme :

— Parfait, un petit chef-d'œuvre en effet. Oui, Jean, tu avais raison, mon vieux, ce paysage est admirable... Jeannette, je suis fier d'avoir été votre maître, mon enfant, disait Christian toujours en examinant la peinture.

— Eh bien, cher professeur, permettez à votre élève de vous offrir ce tableau, qu'elle a peint à votre intention, reprit Jeannette.

— Comment, c'est pour moi ce joli tableau ? Merci, merci, chère enfant, car vous ne pouviez me faire une surprise plus agréable... Je l'accrocherai dans mon salon, où il aura la place d'honneur..... Maintenant, partons, je vous emmène dîner chez moi.

— Impossible, mon ami, j'ai des affaires qui me retiennent aujourd'hui à Paris, et c'est vous qui, au contraire, allez passer avec nous le restant de la journée.

— Soit, Jean, mais à la condition que

celle de demain, qui est dimanche, vous viendrez la passer toute entière avec moi... Ah ! le joli tableau ! la fine et grâcieuse peinture, ajouta Christian, qui n'avait pas cessé de contempler son tableau.

— C'est convenu pour demain, ami, et aujourd'hui, afin de passer le temps, vous allez, Christian, offrir votre bras à Jeannette, pour la conduire au musée qu'elle désire visiter.

— Je suis tout à la disposition de la chère enfant... A propos, mes bons amis; apprenez qu'hier, mon mauvais sujet de femme, afin de me narguer de nouveau, a osé passer encore devant ma demeure, dans son équipage, et m'apercevant sur le seuil de ma porte, croirez-vous qu'elle a poussé l'effronterie jusqu'à m'envoyer un baiser avec sa main ?

— Drôle de femme que celle-là, fit Jean.

— Hélas! cette caresse qu'elle vous adressait, loin d'être une amère raillerie, n'était peut-être que l'expression du repentir, une preuve qu'elle vous aime toujours, observa Jeannette d'une voix douce.

— Elle, m'aimer encore, oh non! et d'ailleurs, fi de l'amour d'une femme qui, pour satisfaire ses goûts frivoles, a failli à l'honneur... Ah! quelle m'oublie, que je ne la revoie jamais, tel est le plus cher de mes désirs en faveur de mon repos; s'écria Christian avec force, Christian vieilli par le chagrin, et dont en ce moment les larmes mouillaient la paupière.

Henri et Robert, après avoir suivi les pas de Jeannette qu'ils n'avaient vu rentrer dans sa maison, avaient ensemble rebroussé chemin.

— Eh bien, comment la trouves-tu, disait Henri à son ami, qui, devenu pensif, gardait le silence.

— Bien belle, en effet! avait répondu Robert.

— Enfin, trouves-tu, ainsi que moi, qu'il y ait quelque analogie entre ta figure et la sienne?

— Je n'ai rien remarqué que sa beauté parfaite, et si l'âme de cette jeune fille est aussi accomplie qu'on la dit être, heureux, cent fois heureux ! celui qui la possédera, répondit Robert.

— Telle est ma pensée depuis le jour où elle apparut à mes regards enchantés, mon cher Robert ; depuis cet instant, son image est sans cesse présente à ma pensée comme un beau et joyeux rayon de soleil envoyé du ciel pour ranimer, revivifier mon âme... Robert, j'aime cette fille charmante, non d'un amour que le caprice du lendemain emportera, mais d'un amour brûlant, sincère, qui ne s'éteindra, je le sens, qu'avec ma vie. Enfin, ami, je l'aime assez pour n'exiger d'elle que la richesse de sa possession.

Ainsi disait Henri avec feu et conviction à Robert qui l'écoutait en silence et d'un air pensif.

— Robert, reprit Henri, tu m'as fait espérer que tu me présenterais chez madame la duchesse de Candeilh. Eh bien! ayant appris que demain cette dame donne une soirée, je te somme, ami, de tenir ta promesse... Pense que sans nul doute, mademoiselle Flameti y sera, et qu'alors il me sera permis de la voir, de lui parler sans qu'elle puisse s'en offenser... Robert, au nom de l'amitié qui nous unit, fais que ce bonheur me soit dévolu!

— Ce soir, j'irai faire une visite à la duchesse; je lui parlerai de toi; sois cer-

tain que je ferai tout mon possible pour
obtenir de la part de cette dame une invitation en ta faveur... Maintenant, Henri,
permets que je te quitte pour me rendre
chez moi, où doivent m'attendre plusieurs
personnes auxquelles j'ai donné rendez-
vous, ajouta Robert en détachant son bras
de celui de son ami.

— Va, mais surtout n'oublie pas ta promesse, fit Henri. Robert après avoir quitté
le jeune homme, et s'être assuré qu'il prenait bien le chemin de sa demeure; Robert donc, reprit celui de la rue de Provence, où il fut s'embusquer sous la porte
d'une maison située tout en face de celle
de Jeannette.

— C'est mal, c'est tromper l'amitié, je le

sens; mais je ne puis résister au désir de revoir cette jeune fille, au charme plus fort de ma volonté qui m'entraîne vers elle... Pourquoi ce remords, cette inquiétude qui m'agite, me fait voir dans cette démarche une trahison? Henri a-t-il plus que moi des droits sur le cœur de cette Jeannette? A-t-il déjà obtenu d'elle un mot, un regard qui lui disent d'espérer? Non! Alors, autant à moi qu'à lui le droit de conquête, celui de me faire aimer de cette fille adorable, dont la vue seule a suffi pour me faire connaître l'amour?... Allons, allons! j'ai beau m'efforcer de justifier ma conduite actuelle, ma conscience me dit que c'est une lâche perfidie que d'aller sur les brisées d'un ami qui, confiant en la probité qu'il vous suppose, vous a ouvert son cœur et confié ses secrets les plus chers. Ainsi pensait Robert, le regard fixé sur la porte de Jeannette, dont il allait s'éloigner résolûment, lorsqu'il aperçut la jolie fille sortir de sa demeure, au bras d'un homme qu'il jugea devoir être son père, et qui n'était autre que Christian, conduisant Jeannette au Musée.

Ce fut alors que la noble résolution de Robert s'envola, et qu'en revoyant le visage si beau, si parfait de Jeannette, en admirant sa taille divine, il sentit renaître ses désirs, oublia Henri, et se mit à marcher sur les traces de la jolie fille jusqu'au Carrousel et la porte du Musée, dans lequel il pénétra derrière elle.

Tandis que le cher Christian expliquait,

en se promenant dans les immenses galeries, s'arrêtait à chaque tableau pour en expliquer le sujet à son ancienne élève et lui en démontrer les beautés, Robert, sans cesse auprès d'eux, contemplait Jeannette et écoutait parler son compagnon, dont le langage lui avait tout de suite révélé un artiste.

— Ami, quel est ce sujet que je ne puis comprendre? s'informa Jeannette, en indiquant une grande toile.

— Je ne puis le deviner non plus et cherche à comprendre, répondait Christian, tout en examinant la toile.

— Pardon, monsieur; mais ce sujet qui

échappe à votre mémoire n'est autre qu'une allégorie de l'Usure qui, sous la forme d'un monstre bizarre et hideux, retient un malheureux dans ses filets, et lui suce le sang jusqu'à ce que ruine et mort s'en suivent, s'empressa d'expliquer Robert avec empressement et la tête respectueusement découverte.

— Je vous remercie de cette explication, monsieur; mais, daignez vouloir mettre le comble à votre extrême obligeance, en me nommant le nom de l'auteur de cette peinture.

— Racobetti, un peintre italien, mort il y a peu d'années, répondit Robert.

Ce peu de mots avaient suffi pour entrer

en connaissance et permettre au jeune homme, qui était artiste lui-même, de continuer la causerie, et d'intéresser Christian et Jeannette en parlant beaux-arts, en faisant preuve de goût et de grande connaissance. Robert fit si bien, enfin, que Christian, enchanté d'avoir rencontré un artiste dans son genre, invita le jeune homme à venir le voir à Auteuil, où il serait flatté de pouvoir soumettre à ses connaissances ainsi qu'à son bon goût, plusieurs toiles qu'il soupçonnait sortir du pinceau de grands maîtres.

— Ce sera un véritable plaisir pour moi, monsieur, que celui de me rendre à l'aimable invitation d'un confrère, d'autant mieux que je vais souvent visiter un mien parent, qui habite votre joli village. Veuillez donc me dire votre nom et m'indiquer au juste votre demeure.

— Christian Gauthier, professeur, grand'-rue d'Auteuil, la dernière maison à main gauche avant d'arriver à la porte du bois, s'empressa de répondre le professeur de dessin.

— Christian Gauthier! répéta vivement Robert, à qui ces deux noms venaient de révéler le mari d'Éva..

— Mes noms vous seraient-ils connus, monsieur? s'informa Christian.

— Votre personne aussi, monsieur, pour vous avoir souvent entendu citer dans le monde comme un homme de mérite et d'un grand talent, répliqua Robert.

— Le monde est trop indulgent en daignant me flatter ainsi, répliqua le modeste Christian.

— Et vous, mademoiselle, cultivez-vous le même art que nous? demanda Robert à Jeannette.

— Moi, je ne suis qu'une simple écolière, monsieur, répondit en rougissant la jolie fille,

— Mon enfant, vous êtes trop modeste. Sachez, monsieur, que mademoiselle, qui se prétend une écolière, est auteur d'une

charmante peinture, d'un joli petit amour
de chef-d'œuvre, dont elle a été assez généreuse pour me faire hommage ce matin,
à moi, son ex-professeur, que son élève a
surpassé. Oh ! je vous en ferai juge la première fois que vous daignerez m'honorer
de votre visite. Mais non-seulement cette
charmante enfant manie le pinceau avec
art, mais elle est encore une excellente
pianiste.

— De grâce, mon ami, assez ! fit Jeannette toute honteuse, en coupant la parole
à Christian.

— Je vois, mademoiselle, qu'à tous les
talents dont vous êtes douée, vous joignez
une vertu bien rare, celle de la modestie ;

mais, grâce à l'aimable invitation que m'a faite M. Christian Gauthier, dont j'espère un jour conquérir l'estime, avoir le bonheur de vous rencontrer chez lui, et de pouvoir, en cette heureuse circonstance, apprécier par moi-même toutes les excellentes qualités et les talents dont la nature et l'étude ont doué votre gracieuse personne, fit galamment Robert.

— Ah! c'est bizarre! c'est surprenant, oui! et cela est tellement frappant, que je ne puis concevoir comment je ne m'en suis pas aperçu du premier abord! s'écria Christian, en fixant tour à tour le visage de Jeannette et celui de Robert.

— Qu'avez-vous donc, mon ami? s'informa Jeannette avec inquiétude.

— Parbleu ! une ressemblance frappante entre monsieur et vous, chère enfant. En vérité, vous seriez frère et sœur, qu'il ne pourrait exister plus de rapport dans vos traits.

Jeannette leva son regard qu'elle fixa en rougissant sur le visage du jeune homme, et un léger sourire contracta ses lèvres charmantes.

— Comment, monsieur, vous daignez pousser la politesse, pour ne pas dire la flatterie, jusqu'à prétendre que ma figure a quelque ressemblance avec le délicieux visage de mademoiselle ? En vérité, c'est mener la plaisanterie un peu trop loin, dit à son tour Robert.

— Je ne plaisante nullement, croyez-le ; cette ressemblance existe, monsieur ; et si nous avions un miroir sous la main, je vous forcerais bien d'en convenir. Mais, patience ! nous sommes gens de revue, termina Christian, à la grande satisfaction de Robert.

Le cri des gardiens ayant annoncé la fermeture des salons, Robert, après avoir accompagné Christian et Jeannette, tout en causant, jusque dans la cour du Louvre, se vit contraint de se séparer d'eux, pour les laisser monter dans une voiture de place, que la pluie, qui tombait alors, les forçait de prendre, et cela, après avoir annoncé à Christian sa visite très prochainement.

Heureux et joyeux d'un début dont le succès dépassait son attente, Robert, à son tour, se jeta dans une voiture pour se faire reconduire chez lui.

— Et cet homme est le mari d'Éva ? Oh ! la singulière aventure ! surtout qu'il ignore toujours que, pendant deux ans, j'ai été un des plus fervents adorateurs de sa femme ! Ainsi murmurait Robert, tout en regagnant son domicile, situé rue de l'Arcade, dans le riche hôtel du comte de Saligny, son père ; ce seigneur qui, jadis, avait été le séducteur et l'amant de Félicia, et que, à l'âge de soixante ans, la goutte clouait sur un siége sans lui laisser un instant de repos.

Le lendemain, de grand matin, Henri

se faisait annoncer chez Robert, auquel, en entrant, il tendit une main amicale, que le perfide ami pressa d'un air embarrassé et sans même oser lever les yeux sur lui, tant il craignait que ce dernier n'y découvrît la trahison dont il était coupable.

— Robert, tu vois en moi un amant tendre, empressé qui vient s'informer du résultat de la démarche que ton amitié a dû faire hier soir en sa faveur auprès de la duchesse de Gandeilh. Réponds, Robert : Cette dame consent-elle, sur ta recommandation, à m'admettre parmi les personnes invitées à la brillante soirée qu'elle donne ce soir?

— Mon cher Henri, tu vois en moi un

homme désolé de ne pouvoir t'être utile en cette circonstance; mais, hier soir, madame la duchesse, à la demande que je lui adressais de me permettre de lui présenter un de mes intimes amis désireux d'assister à sa soirée, m'a répondu par un refus formel prononcé de la manière la plus gracieuse, en prétendant que le secrétaire de ses commandements avait envoyé plus de lettres d'invitation que ses salons ne pouvaient contenir de monde. Ainsi tu vois, mon crédit a échoué.

— Quelle fatalité! Moi qui espérais profiter de cette réunion pour voir ma belle Jeannette, lui faire ma cour dit Henri avec dépit.

— Que veux-tu, mon pauvre ami? Partie remise.

— Sambleu! cela t'est facile à dire, à toi, qui n'est pas amoureux; mais pour moi ce retard est un siècle de douleur.

— Décidément, Henri, tu t'enflammes trop vite, et peut-être bien inutilement; car enfin, quoi t'assure que tu réussiras à te faire aimer de cette jeune fille, et même que son cœur soit libre?

— Rien, en effet, mais je l'aime, et je veux qu'elle l'apprenne, dût-elle repousser mon amour, me rendre malheureux pour la vie.

— Diable! il y aurait alors imprudence

de ma part à ne point essayer de porter remède à cette fièvre amoureuse, en te divulguant ce que j'ai vu et entendu hier de mes propres yeux et de mes oreilles, reprit Robert d'un air sérieux.

— Qu'est-ce donc? hâte-toi de m'en instruire, mon cher Robert, s'écria vivement Henri.

— Eh bien, mon bon Henri, hier, ne sachant que faire de mon temps, et me trouvant aux Tuileries où je traînais mon ennui d'avenue en avenue, tout en lorgnant les femmes qui passaient, lorsque, en une d'elles, je reconnus avec surprise ta belle Jeannette suspendue familièrement au bras d'un homme d'une trentaine d'années, au physique agréable, avec lequel elle se promenait en causant. Curieux de m'assurer à quel degré s'élevait l'intimité de ces deux personnages, je me mis à les suivre de près et à tendre l'oreille, en l'espoir de saisir quelques mots de leur entretien, qui me semblait fort animé.

— Et qu'as-tu entendu, cher Robert ? interrompit vivement Henri.

— Rien d'abord, parce que notre couple parlait à voix basse ; mais, les ayant suivis jusqu'au Musée, où je pénétrai avec eux, je fus plus heureux, et j'en ai entendu assez pour être bien convaincu que notre jeune personne et son cavalier sont au mieux ensemble.

— C'est impossible ! s'écria Henri. Jeannette est une fille qu'on dit modeste et d'une sagesse exemplaire... Mais enfin quelles sont les paroles échappées de leurs lèvres, qui te font augurer une liaison intime entre cet homme et Jeannette ?

— Ceci et cela : Ma chère Jeannette ! Mon bon ami ! Mon cher ange ! et autres douceurs de ce genre ; puis encore cette voiture dans laquelle s'est furtivement glissé le couple à sa sortie du Musée.

— Il se peut ! Ah ! Robert ! ce que tu m'apprends là plonge le désespoir dans mon cœur ! dit douloureusement Henri en portant un mouchoir à ses yeux pour essuyer les larmes prêtes à les déborder.

— Allons, console-toi, grand enfant! Une femme de perdue, deux de retrouvées. Ensuite, mon cher, il est on ne peut plus maladroit, pour ne pas dire niais, de s'enflammer ainsi à la première vue, et avant de s'être assuré si le cœur de la femme que nous avisons est oui ou non en disponibilité, cela sous peine de déception. Va, crois-moi, renonce à ce caprice passager, à cette ridicule passion pour une fillette que tu connais à peine, et de qui tu n'as encore obtenu que dédain et indifférence.

— Tu as raison, Robert, oui, je veux,

je dois suivre tes sages conseils, renoncer à cette jeune fille dont la beauté, en captivant mon cœur et ma pensée, me rendait coupable au point de négliger les démarches que m'imposent la recherche de mon père.

— Ce qui est fort mal en effet, un crime de lèze-amour filial. C'est dit, tu renonces à Jeannette, à ses pompes, à ses œuvres; et s'il te faut absolument une maîtresse, belle, gracieuse, spirituelle, pour occuper ton cœur, c'est moi qui, aujourd'hui même, me charge de te faire connaître cette merveille, qui n'est autre que la petite baronne de Langeville, un adorable lutin tout pétillant d'esprit, de finesse et de grâce... Qu'en dis-tu?

— Que tu choisis mal le moment pour me conseiller l'inconstance. Attends au moins que j'aie chassé de mon cœur le souvenir de Jeannette.

— Attendre, dis-tu, Henri? Non pas ! Il faut qu'un caprice chasse l'autre, et je prétends aujourd'hui même te présenter à la baronne. Quelle heure est-il ? Midi. Très bien! Allons alors déjeûner ensemble chez Véry, et à deux heures nous irons voir la baronne.

Henri fort peu disposé, essaya vainement de résister ; mais il fallut céder et courir s'attabler au restaurant, où l'adroit et perfide Robert s'efforça de nouveau de faire comprendre à Henri que Jeannette n'était ni la femme ni la maîtresse qui lui convenait, tout en appuyant ses arguments d'un excellent tokay qu'il versait à plein verre, et que Henri, la tête et le cœur occupés, buvait machinalement, tout en écoutant pérorer son ami.

La deuxième heure après midi sonna à la pendule du restaurant.

A ce signal, Robert se leva, puis il aida Henri à en faire autant, Henri qu'il venait de griser, dont la vue se troublait et les jambes flageolaient, Henri sous le bras duquel il passa son bras, pour l'entraîner vers la rue Saint-Florentin, à l'hôtel d'Eva, baronne de Langeville, femme Christian Gauthier.

— Adorable Circé, permettez-moi de vous présenter dans mon ami intime M. Henri Lambert de Givry, un jeune homme charmant qui, à la grâce de l'adolescence, joint un cœur sensible, une immense fortune, disait Robert après s'être introduit chez Eva et en présentant Henri à la jolie femme, qui les recevait en grande toilette de ville et dans son salon.

— Soyez les bienvenus tous deux, messieurs, quoique vous arriviez au moment où je me dispose de partir pour une promenade au bois, répondit Eva, tout en examinant Henri, lequel faisait bonne contenance, malgré la fumée bachique qui lui obscurcissait la cervelle.

— De votre gracieuseté, baronne, je n'attendais pas moins qu'une excellente réception. Quant à cette promenade, partie remise, n'est-ce pas? car vous ne pouvez avoir la pensée cruelle de nous priver volontairement de votre société, reprit Robert.

— Certes, non! mais celle de vous prier de m'accompagner en acceptant chacun une place dans ma calèche.

— Sambleu! voilà une bonne pensée charmante baronne, et vous nous voyez tout à vos ordres, répondit Robert.

— Mais, monsieur, vous ne dites rien, et la pâleur de votre visage me ferait croire que vous êtes indisposé, dit Eva à Henri.

— Par pitié, pardonnez-moi, madame, d'avoir osé me présenter chez vous en un pareil état, et n'en accusez que ce fou de Robert, qui m'a entraîné malgré moi à faire un déjeûner où j'ai eu le malheur de m'oublier, contre mon habitude, répondit Henri, que la vue de la jolie femme commençait à dégriser.

— Madame, je vous dirai pour mon excuse que mon ami est une espèce de sauvage de l'Amérique, débarqué il y a à peine six mois en France, et que, afin de vaincre cette timidité qui paralyse ses moyens, je me suis vu dans la nécessité de le griser.

— De quelle ivresse, s'il vous plaît? demanda Eva en riant.

— Celle du tokai, répondit Henri.

— Ivresse du bon ton. Or, vous êtes excusable, monsieur, reprit la jeune femme. Maintenant, en voiture, afin de profiter du beau soleil qui nous éclaire en ce moment. Monsieur Henri, offrez-moi votre main pour me conduire jusqu'à ma voiture... Vous en aurez la force, je pense?

— Certes, madame, et cependant je suis en ce moment sous l'influence d'une ivresse bien plus dangereuse que celle que nous donne le vin.

— Ah! et quelle est cette ivresse, monsieur?

— Celle qu'inspire vos beaux yeux, madame.

— Pas mal du tout pour un sauvage américain, fit Éva en riant.

Nos trois personnages roulent, tout en causant et riant, sur la route de Neuilly; Henri est assis à côte d'Éva, et Robert occupe seul la banquette du devant. Le temps est superbe et les chevaux rapides. La porte Maillot, par où la voiture pénètre dans le bois, et va s'enfoncer sous une avenue ombreuse :

— Jacques, dirigez-vous vers Auteuil

et la petite maison ; vous savez ? crie Éva à son cocher.

— Ah ! ah ! je devine ! Est-ce donc une visite que vous voulez faire à votre parente ? s'informa en souriant Robert, en substituant le féminin au masculin, par prudence et discrétion.

— Une visite, non pas, mais un aperçu seulement, répliqua Éva.

— Si le cher homme allait m'apercevoir, et me reconnaître, cela nuirait quelque peu à mes projets, pensa Robert en lui-même.

La calèche aborde la porte d'Auteuil, où les chevaux, en passant devant la haie qui borde le jardin de Christian ralentissent leur pas. Éva se lève pour plonger un regard curieux dans la propriété, où elle aperçoit son mari lisant assis sur un banc de verdure.

Christian à qui le bruit de la voiture a fait lever les yeux, reconnaît sa femme.

— La malheureuse, oser venir me narguer jusque chez moi en compagnie de ses adorateurs, sans doute!.... Cette femme ne cessera donc jamais de me tourmenter, moi qui serais si heureux de pouvoir l'oublier... Et cet homme qui est à ses côtés, comme il me regarde effrontément! Oh! je retiendrai ses traits dans ma mémoire, et malheur à lui si je le rencontre un jour.

Cet homme que Christian menaçait ainsi de son courroux, n'était autre que l'innocent Henri; quant à Robert, il avait eu la précaution de tourner la tête du côté opposé, afin de n'être pas reconnu du mari.

La calèche regagna le bois, puis ensuite Paris, où Éva retint les deux amis à dîner.

Il était onze heures du soir, et dans les salons du duc de Candeilh, étincelants d'or et de lumière, se pressait une foule brillante. Un orchestre nombreux, composé d'artistes choisis, prodiguait des flots d'harmonie, au bruit de laquelle s'animait et dansait une jeunesse joyeuse.

Parmi les invités à cette fête se comptait Robert de Saligny, l'ami perfide qui en avait éloigné le confiant Henri. Robert se promenait seul de salon en salon, cherchant Jeannette qu'il savait devoir y être, et qu'il n'avait pu rencontrer jusqu'alors dans la foule nombreuse qui s'agitait autour de lui.

Notre jeune homme commençait à perdre l'espoir, quand en passant des salons dans les appartements particuliers, il se trouva face à face avec la jeune duchesse de Candeilh, donnant amicalement le bras à Jeannette. Derrière ces deux femmes marchait Jean causant avec le duc.

Robert s'empressa de saluer les dames très respectueusement.

— Bonsoir Robert, je ne vous avais pas encore aperçu de la soirée, dit la duchesse.

— Ce n'est pas faute de bonne volonté de ma part, madame, moi qui vous cherche depuis mon entrée dans vos salons. Mais aussi, combien je suis agréablement indemnisé en ce moment par l'aimable reproche que vous daignez m'adresser, et en rencontrant à votre bras mademoiselle, avec laquelle j'ai eu l'honneur de causer au Musée, après l'y avoir rencontré en compagnie d'un artiste distingué.

— En effet, monsieur, j'ai l'avantage de vous remettre, fit Jeannette en rougissant, et, si hier vous eûtes l'occasion de me voir sous la protection d'un ami de ma famille, c'est en compagnie de mon père que vous me retrouverez cette nuit chez madame la duchesse, répondit Jeannette en indiquant Jean, lequel s'était approché de sa fille en voyant un jeune homme lui parler.

— Eh bien, Robert, c'est le ciel qui vous protége, en plaçant ainsi un ange sous vos pas, car, telle est la qualité de mademoiselle. Or, respectez et inclinez-vous, fit en riant madame de Candeilh, qui reprit tout à coup après avoir tour à tour fixé Robért et Jeannette : Oh! la singulière chose!.... Voyez donc monsieur Flameti, et vous, monsieur le duc, comme ces deux jeunes gens se ressemblent.

Jean fixa Robert, mais il resta silencieux et pensif.

— Mademoiselle, soyez assez bienveillante pour me faire la promesse d'un quadrille, que je serais heureux de danser avec vous.

— Très volontiers, monsieur, répondit Jeannette en rougissant.

— En vérité, ces deux enfants seraient frère et sœur qu'il n'existerait pas plus de ressemblance entre eux, disait le duc à Jean,

— Effet capricieux du hasard, répondit Jean.

— Ah ! voilà la contredanse terminée et l'instant venu de donner à tous mes invités un échantillon de votre talent musical, de leur faire entendre votre jolie voix de rossignol, ma chère petite Jeannette... Monsieur Flameti, je me réserve le plaisir d'exécuter l'ouverture de votre dernier opéra.

Ainsi disait la jeune duchesse, en entraînant Jean et Jeannette, pour aller se placer devant un piano ; ce que voyant, la foule demeura silencieuse.

— Bravo ! bravo ! s'écria-t-on de toutes

parts, après avoir écouté la duchesse, qui venait d'exécuter avec hardiesse et talent, l'ouverture d'un des ouvrages les plus en vogue, dû au génie de Jean. Et des applaudissements frénétiques saluèrent l'exécutante et l'auteur.

Vint le tour de Jeannette de faire preuve de talent, Jeannette dont les doux et suaves accents excitaient l'enthousiasme.

— Ah! que vous chantez bien, mademoiselle, comme votre voix enchanteresse captive l'âme et le cœur, disait un instant plus tard Robert à Jeannette, en l'emmenant prendre place au quadrille, quadrille heureux, dont il profita pour courtiser la jolie fille, lui dépeindre tout l'amour pur, délicat, que lui inspiraient son adorable modestie, son talent et ses charmes, compliments prononcés avec feu, de l'accent de la vérité, et devant lesquels Jeannette demeurait confuse, et le regard baissé.

— Vous ne daignez pas me répondre, mademoiselle, hélas! en vous faisant connaître le sentiment de mon cœur, aurais-je eu le malheur de vous offenser ? reprit Robert.

— De m'offenser, non, monsieur, car les paroles que vous venez de me faire entendre n'ont rien que de flatteur et d'honorable pour moi, mais, nous nous connaissons si peu, depuis hier seulement, et je cherche à m'expliquer d'où provient l'intérêt que vous me témoignez. Si c'est aux quelques attraits dont je suis redevable au caprice du hasard que je dois en rendre grâce, vous avouerez alors, avec moi, qu'il y a légèreté de votre part de vous enthousiasmer ainsi en faveur d'un physique passable, avant de vous être assuré du plus ou moins de bonnes qualités qu'il cache sous son enveloppe. Permettez-moi de vous le dire, monsieur, aimer ainsi n'est pas aimer, ni même faire preuve de sagesse ni de prudence, oserais-je dire, répliqua Jeannette d'un ton mi-sérieux.

— Oh! je conçois, mademoiselle, que votre sagesse me juge défavorablement en pareille circonstance, mais je n'ai d'autres excuses à offrir pour excuser ma témérité, que ces quelques mots que prononcent mes lèvres et que leur dicte mon cœur! Je vous ai vu et je vous aime, répliqua Robert.

— Mais, monsieur, pour m'adresser un pareil aveu au milieu d'un monde qui tient ses regards fixés sur nous, ne craignez-vous pas de me compromettre? A mon avis, vous péchez sur deux points : le premier de me tenir ce langage sans y être autorisé par mon père ; le second, de mal choisir le lieu et le temps, répondit Jeannette avec froideur.

— Allons, je vois que je suis un maladroit et me reconnais coupable, mademoiselle ; mais pardonnez, de grâce, l'inconvenance de ma conduite, en faveur des bons et loyaux sentiments qui m'animent, et, me prenant en pitié, accordez-moi la permission de m'adresser à monsieur votre père, de lui faire part des sentiments qui animent mon cœur, afin d'obtenir de sa bienveillance de vous faire agréer les hommages de l'homme qui serait fier et heureux de devenir votre époux.

— Monsieur, je ne puis me marier, ainsi me le commandent les soins que je dois à mon père, dont je ne veux jamais me séparer, répondit Jeannette avec fermeté.

— Hélas ! je ne devine que trop, made-

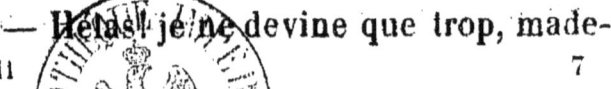

moiselle, que j'ai le malheur de vous déplaire, reprit tristement Robert.

— Eh bien, vous faites erreur, monsieur, car je me sens entraînée vers vous par un sentiment tout amical, seulement amical, retenez-le bien, dont je ne puis me rendre compte, et je crois, je sens, que je serai heureuse de vous voir au nombre des amis que j'estime... Voyons, voulez-vous mon amitié, rien que mon amitié, en échange du vôtre et sans arrière-pensée ?

— Vous m'offrez le paradis, mademoiselle, et je m'empresse de l'accepter en m'écriant : Heureux cent fois celui que vous jugez digne d'une pareille faveur, répondit le jeune homme, lequel avait entendu dire quelque part, que de l'amitié à l'amour, entre un sexe différent, il n'y avait qu'un pas à franchir.

— Alors, monsieur Robert, vous serez le bienvenu chez mon père, lorsqu'il vous plaira de vous y présenter... comme ami, bien entendu.

Cela dit, et comme la contredanse était terminée, au grand regret de Robert, ce dernier reconduisit Jeannette à Jean, qu'il salua avec aménité.

— Père, tu vois monsieur? Eh bien, je viens tout en dansant de contracter avec lui un pacte d'amitié que je te prie de ratifier, toi le maître suprême de ma personne et de mes volontés, fit Jeannette en souriant.

— Mais, très volontiers, car c'est infiniment d'honneur que consent à te faire M. Robert de Saligny, répondit Jean, en présentant sa main au jeune hoummme, qui s'empressa de la presser dans les siennes.

— Comment, M. Flameti, vous savez mon nom? dit en souriant le jeune homme.

— Pourquoi pas? vous savez bien le mien.

— Oh! quelle différence! Le vôtre, monsieur, appartient à un homme de génie, un artiste d'un grand talent, dont l'univers salue et admire les chefs-d'œuvre, tandis que le mien est celui d'un être obscur et ignoré, que le hasard a fait noble, et doué des faveurs de la fortune, sans qu'il ait jamais rien fait pour les mériter.

— Merci des éloges que vous daignez me prodiguer ; mais, pour m'illustrer davantage, il n'est nullement nécessaire de vous abaisser, monsieur Robert, car, vous aussi, vous possédez des qualités précieuses, celles qui constituent un honnête homme, et elles sont rares dans notre siècle, ce qui fait que j'approuve l'estime que vous avez inspiré à ma fille, et que vous serez le bien reçu lorsqu'il vous plaira de venir nous visiter dans notre modeste demeure... A propos, êtes-vous musicien ?

— Quelque peu, monsieur.

— Alors vous ferez de la musique avec Jeannette et moi.

— Très volontiers, répliqua Robert, enchanté de l'urbanité que lui témoignait Jean, lequel sentiment devait faciliter la réussite de ses projets sur Jeannette.

III

— En vérité, cher petit père, je suis encore toute surprise des amitiés et des avances, oserai-je dire, que tu as faites hier à ce M. Robert de Savigny, disait Jeanne, le lendemain du bal de la duchesse de Candeilh, tout en déjeûnant en tête-à-tête avec Jean.

— Que veux-tu? ce jeune homme a tant de ressemblance avec toi, chère enfant, que je me suis senti tout de suite bien disposé en sa faveur; ensuite il n'y a rien que de très honorable pour nous que de posséder l'estime et l'amitié d'un futur comte, car il le sera un jour en qualité d'héritier des titres de son père.

— Fort bien, mon ami; mais ton expérience ne te dit-elle pas que toutes les politesses dont nous a honoré cette nuit ton futur comte, au point de nous ramener chez nous dans son brillant carrosse, cachent quelques sournois desseins? reprit Jeannette en souriant avec finesse.

— Mais si, mais si! j'ai deviné mon jeune homme.

— Ah! ah! Et qu'as-tu deviné, s'il te plaît?

— Que M. Robert est amoureux de toi, qu'il s'est laissé prendre au gluau qu'il te tendait sous la forme de l'amitié; enfin, que ledit Robert, en ouvrant sous mon nez, ainsi qu'il l'a fait cette nuit, la cassolette des éloges outrés, ne visait rien moins qu'à m'engager à lui ouvrir ma porte pour se faufiler chez moi, et là, attaquer ton petit cœur tout à son aise.

— Comment, monsieur Jean, vous, un homme honnête, père d'une demoiselle, à l'honneur et au repos de laquelle vous devez veiller, vous avez deviné cela et permis qu'un séducteur s'impatronisât chez vous pour en conter à votre enfant? Eh bien! c'est mal, c'est très mal de votre part; d'abord, parce que vous savez fort bien que je ne veux pas d'amoureux, ensuite, que cela me prouve bien clairement que vous avez l'intention de vous séparer de moi en me mariant. Mais je déjouerai vos perfides projets en restant sourde, insensible à toutes les tendres fadaises que me débitera ce M. Robert.

— Ainsi, Jeannette, tu ne veux pas devenir comtesse? reprit Jean en souriant.

— Non. Ce que je veux est de vivre toujours, toujours avec toi, cher petit père,

Et puis, je t'avouerai franchement que M. Robert, que j'accepte volontiers pour ami, ne me plairait pas du tout comme mari, à cause de l'étrange ressemblance qui existe entre lui et moi. Enfin, et tu vas rire, mais je me croirais mariée avec moi-même.

— Folle !... Eh bien ! cessons de plaisanter, et permets que je me justifie d'une conduite qui, avec raison, te semble légère de ma part... Jeannette, je vais te révéler un secret qui te garantira contre la séduction dont Robert prétend user envers toi, mais ce secret, promets-moi, mon enfant, de ne le dire à personne sans que je t'y aie autorisée.

— Je te le promets, mon ami, et tu sais

si je sais garder un serment, répondit Jeannette.

— Jeannette, Robert de Saligny est ton frère.

— Mon frère! exclama la jeune fille en pâlissant et rougissant tour à tour; puis d'abondantes larmes s'échappèrent de ses yeux.

— Quoi! cette nouvelle t'afflige à ce point, mon enfant? En vérité, je regrette maintenant de te l'avoir apprise, disait Jean, en entourant la jeune fille de ses bras.

— Père, c'est de surprise et de joie que je pleure... Un frère! j'ai un frère! Que je suis heureuse et contente!... Ah! je ne m'étonne plus, maintenant, de ce sentiment, de cette attraction dont je ne pouvais me rendre compte, qui me commandaient d'aimer Robert, non de cette amitié qu'on appelle amour, mais de celui qu'inspire la nature à deux enfants du même sang, de la même famille!... Mais je parle, je me réjouis sans penser, cher père, à vous demander comment il se fait que j'aie un frère et d'où vient que je l'ignorais?

— Jeannette, le comte de Saligny, père de Robert, fut le séducteur de la pauvre mère, répondit tristement le bon et sensible Jean.

— Oui, je me souviens; cet homme fut

ingrat, cruel envers l'innocente fille qui lui avait donné son cœur et sacrifié son honneur, je ne l'aime pas, je ne pourrai jamais l'aimer! fit Jeannette.

— Tu auras raison, mon enfant, car il fut instruit de ta naissance; il savait que ta bonne mère t'élevait, et jamais cet homme ne désira te connaître ni te donner une de ses caresses. Ami ingrat, père insensible, il ne mérite ni ton amour filial ni ton estime.

— Oh! tu as raison, mon ami. Mon véritable père, celui que j'aime et respecte, c'est toi, toi qui pris pitié de l'orpheline, travailla pour elle, lui prodigua tes soins et tes caresses, c'est toi mon père, c'est toi seul ! disait Jeannette en embrassant Jean, en mouillant ses joues des douces larmes que lui arrachait la reconnaissance.

— Allons, inutile de rappeler tout cela et de pleurer ainsi. Si j'ai été juste et bon pour toi, tu m'en as récompensé au centuple et nous sommes quittes. J'étais un pauvre homme qui se mourait de chagrin et de misère, et ta bonne mère, telle qu'une fée bienfaisante est venue me ressusciter, me consoler, m'encourager, enfin ; ce que je suis aujourd'hui, c'est à elle que j'en suis redevable. Lorsque la mort cruelle vint nous l'arracher sans pitié, c'est à moi qu'elle donna et recommanda sa fille chérie, dont elle allait se séparer pour toujours, nouveau bienfait qu'elle déversait sur moi, puisqu'en partant pour le ciel, elle me léguait un petit ange, l'enfant charmant chargé de la mission de consoler de la perte d'une épouse chérie et d'une amie dévouée, les seuls êtres qui m'eussent aimé sur la terre. Or, tu vois bien, petite, qu'en te rendant heureuse autant qu'il m'a été possible, je n'ai fait que mon devoir bien juste.

— Tu dois comprendre alors, mon bon ami, qu'en ne voulant pas me marier je fais aussi le mien, moi qui ai la mission de t'aimer, de te soigner, et, quand tu seras vieux, de te servir de guide et de soutien?

— Mais, parce que tu te marierais, ce ne serait pas une raison pour nous séparer, mon ange. Tout cela dépendrait des arrangements qu'on prendrait avec celui qui deviendrait ton mari.

— Cher ami, il est un article du Code civil, que j'ai étudié, lequel dit : La femme doit obéissance à son mari, et le suivre partout où il lui plait de la conduire. Or, d'après cela, s'il plaisait à monsieur mon époux de m'emmener au bout du monde, il faudrait donc que tu me suivisses ou que je t'abandonnasse.

— Ce serait bien malheureux pour moi, qui, après t'avoir perdue, mourrais de chagrin, fit Jean avec tristesse.

— Tu comprends alors la nécessité que je reste fille ?

— Mon Dieu! petite, tu raisonnes là tout à ton aise parce que, jusqu'alors, ton cœur est resté libre, mais adviendre un beau jour celui qui devra le rendre sensible, et tu changeras de langage.

— Jamais! dit Jeannette avec fermeté.

— Jamais, c'est bien long, mon enfant. Mais, admettons que la chose arrive, alors il y aurait infamie, égoïsme de ma part à consentir que tu sacrifiasses les plus tendres sentiments de ton cœur en attachant ta jeune existence à celle d'un vieillard morose, qui, pour prix de ce sacrifice, ne t'offrirait que l'ennui, l'esclavage et la fatigue. Va, Jeannette, laisse-moi faire, mon enfant, car je me charge de te trouver l'un de ces jours, un épouseur qui remplira toutes les conditions nécessaires à notre bonheur commun.

Tandis que Jean et Jeannette causaient ainsi, d'un autre côté, Henri, qui avait été surprendre Robert au lit, où le retenait la fatigue d'une nuit de bal, s'efforçait de réveiller le dormeur en le tirant par le bras.

— Comment! c'est toi qui as l'infamie de venir ainsi troubler le sommeil d'un homme qui a eu la corvée de faire sauter cette nuit un régiment de femmes? disait Robert en se frottant les yeux.

— Moi-même, mon bon Robert, qui, fort impatient de causer avec toi...

— C'est-à-dire de me parler de la charmante petite baronne de Langeville, de la passion que ses yeux mutins ont allumée dans ton tendre cœur, n'est-ce pas? interrompit Robert, tout en s'accoudant sur son oreiller.

— Tu n'y es pas. C'est de Jeannette dont je viens m'entretenir avec toi.

— Ah! ah! Eh bien! mon cher ami, je l'ai vue cette nuit au bal, chez la duchesse; j'ai même, par politesse, dansé un quadrille avec elle.

— Ah! que tu es un heureux mortel, Robert! s'écria Henri.

— Heureux pour si peu! Il n'y a cependant pas de quoi, car je te dirai, Henri, que cette jolie fille n'est certes pas la femme accomplie que tu penses, mais bien une franche coquette, et qui plus est dépourvue d'esprit et de grâce.

— Qu'oses-tu dire ?

— La vérité, car j'ai causé assez longtemps avec elle, en tes intérêts, pour pouvoir la juger à fond ; ensuite, je te dirai que son petit cœur s'est laissé prendre, et qu'elle va se marier.

— Il serait possible ? fit Henri consterné.

— J'ai même vu son futur, brave garçon, ma foi ! qui paraît en tenir passablement pour elle, ce qui n'empêchait pas la fausse Agnès de caqueter avec les autres et de payer de ses plus gracieux sourires les propos galants que l'un et l'autre lui glissaient dans l'oreille.

— Si tout autre que toi, Robert, me disait ces choses-là, je le traiterais d'imposteur.

— Cela se comprend; qui ne se laisserait prendre à son petit air hypocrite?... Va, crois-moi, mon Henri, oublie cette fille prête de s'unir à un autre, et livre ton cœur à d'autres amours... A propos, comment trouves-tu la petite baronne?

— Jolie à ravir! mais quelle légèreté! répliqua Henri.

— Ah dame! ça n'a pas cet air étudié, réservé de cette Jeannette; ça n'a pas, comme elle, la prétention de se faire passer pour une sainte; et quoique vive, mondaine, et se compromettant dix fois par jour à force de légèreté, d'inconséquence, cela n'en est pas moins une femme adorable, spirituelle, et très capable de faire le bonheur de l'homme qui saura s'emparer de son cœur et de son esprit. Enfin, c'est la maîtresse qui convient à un jeune homme tel que toi; une maîtresse qui te ferait honneur, et dont chacun t'envierait la possession... A propos, je t'ai laissé hier soir avec elle; comment avez-vous passé votre temps?

— En aimables causeries, répondit Henri.

— D'amour ou de politique?...

— D'amour.

— Ainsi, tu as fait ta cour à la baronne? Comment a-t-elle pris la chose?

— Fort gracieusement et très spirituellement.

— T'a-t-elle fait entrevoir quelque espérance?

— Elle s'est contenté d'être une femme aimable, ravissante, riant de mes doux propos, mais y répondant sans cesse d'une façon indirecte.

— Henri, pour avoir passé ce tête-à-tête et prêté les oreilles à tes discours, il faut qu'Éva soit favorablement disposée en ta faveur... poursuis, ose, et elle est à toi.

— Robert, je trouve la baronne aussi belle que spirituelle, et je conviens qu'elle serait une maîtresse adorable, mais ce n'est pas là la femme que rêve mon cœur.

— Celle de ton idéalité, je comprends ; c'est une femme nuageuse, vaporeuse, surnaturelle ; enfin, une espèce de sylphide qu'il te faudrait. Eh bien ! cher ami, tâche de trouver ça.

— Celle que je désire, hélas ! je croyais l'avoir enfin rencontrée, soupira Henri.

— Dans mademoiselle Jeannette, cette

charmante petite sournoise, très coquette, très mondaine, et pourtant sans esprit ni rien de solide dans la tête ni dans le cœur. Ah! mon pauvre ami! que n'ai-je pu te faire admettre, cette nuit, chez la duchesse? que n'as-tu été à même de voir, de juger cette fille? quelle désillusion, alors, eût été la tienne!...

— Robert, peut-être as-tu été trop sévère à l'égard de Jeannette, car je suis fort surpris de ce qu'une femme dont les traits sont pleins de modestie, le maintien rempli de décence, dont la voix est douce, les paroles empreintes d'une dignité tout à la fois douce et sévère, sois l'être imparfait que tu me dépeins.

— Le diable soit des amoureux, qui

croient toujours qu'on les trompe, lorsqu'on les conseille pour leur bien... Çà, dis-moi quel intérêt me forcerait à te parler ainsi, à t'ouvrir les yeux sur cette fille, dont tu t'es engoué follement, sur le simple échantillon d'un physique agréable, si ce n'était l'amitié qui m'engage à te crier : casse-cou !... Henri, crois-moi, essaie un peu de la vie mondaine et joyeuse des amours faciles, avant d'engager ton âme, ton cœur, tout ton être, enfin, dans une passion sérieuse, dont la conclusion s'intitule mariage. Ton cœur tout neuf et candide a besoin d'un stimulant. Eh bien ! fais-toi aimer de la baronne de Langeville, deviens son heureux amant, et je te garantis qu'une maîtresse de ce genre te formera vivement aux us et coutumes de la vie mondaine, qui est la bonne, comme la plus joyeuse; celle que je mène, enfin, à l'exemple de celle du comte de Saligny, mon père, qui, étant jeune, fut le plus heureux mauvais sujet de son époque, un séducteur auquel nulle femme ne pouvait résister, car il possédait au suprême degré l'art de brusquer une indécision... Ah çà? quand retournes-tu chez Éva? demanda Robert, en changeant subitement de thême.

— Aujourd'hui. Elle m'a fait promettre de la mener, de l'accompagner au théâtre.

— Auquel?

— A l'Opéra.

— Allons, décidément, la chère belle en tient pour toi, heureux mortel! C'est bien ici le cas de dire : aux innocents, les mains pleines.

Après avoir prolongé cet entretien jusqu'à midi, Robert congédia Henri sous le prétexte d'un rendez-vous important; puis, demeuré seul, notre jeune homme s'empressa de faire sa toilette et de se diriger vers la demeure de Jeannette, dont celle-ci vint elle-même lui ouvrir la porte.

Robert fut agréablement surpris en voyant Jeannette l'accueillir avec un agréable sourire sur les lèvres, lui qui craignait que l'empressement qu'il mettait à user de la permission qui lui avait été accordée de venir les visiter, n'indisposât le père et la fille.

— Soyez le bienvenu, monsieur de Saligny, lui dit la jeune fille en lui présentant sa main à presser. Entrez, mon bon père est là; votre bonne visite lui sera fort agréable.

Ce disant, Jeannette, qui précédait Robert, le conduisait au salon, où il trouva Jean devant le piano, en train de travailler et de composer. Jean qui se leva pour venir accueillir le jeune visiteur.

— Vous daignerez excuser ma visite empressée et matinale, monsieur, et vous, mademoiselle Jeannette; mais, mon père m'ayant permis de disposer de sa loge à l'Académie royale de musique, j'ai pensé qu'il vous serait agréable de l'occuper, afin d'assister à la première représentation du nouvel opéra qu'on y donne ce soir, reprit Robert.

— Nous acceptons avec plaisir, monsieur, d'autant mieux que mon intention était d'y conduire ma fille, qui est très curieuse de ces solennités, répondit Jean en souriant.

— Mais c'est fort aimable de votre part, monsieur, que d'avoir daigné penser à nous, des connaissances d'hier, qui n'ont aucun titre ni droit à votre bienveillance, fit Jeannette avec gaieté.

— Ah çà, nous accompagnerez-vous au moins? demanda Jean.

— Si vous daignez me le permettre, monsieur Flameti, ce sera un bien grand plaisir pour moi.

— Nous permettons! n'est-ce pas, Jeannette?

— Sans doute! La société de M. de Saligny ne pouvant que nous être fort agréable, répliqua Jeannette en accompagnant ces mots d'un regard des plus amicals.

Robert, enchanté de l'accueil qu'on lui faisait, en voyant l'aménité que lui témoignait Jeannette, ne se sentait pas de joie, et se disait tout bas :

— Ça va bien ! ça va bien !

— Ah çà ! à charge de revanche, monsieur Robert ; lorsqu'il vous prendra la fantaisie d'aller à l'Opéra-Comique, alors, je m'empresserai de mettre de même une loge à votre disposition, reprit Jean.

— J'accepterai cette faveur avec reconnaissance et plaisir, surtout lorsqu'il s'agira d'entendre un de vos charmants ouvrages, monsieur.

— Vous aimez la musique, monsieur ?

— Beaucoup, mademoiselle ; surtout lorsqu'elle accompagne votre voix ravissante.

— Allons, ne soyez donc pas flatteur ; je hais les compliments, fit Jeannette, et si vous tenez à ce que nous soyons amis, sachez vous en abstenir à mon égard.

— J'obéirai, mademoiselle, tout en me réservant le droit de dire la vérité, et lorsque je vous dis que vous chantez à ravir, je crois ne pas mentir.

— Non, certes ; car ma Jeannette a trente mille francs d'appointements dans le gosier, s'il lui plaisait d'entrer au théâtre, dit Jean.

— Mademoiselle n'en a jamais été tentée? demanda Robert.

— Jamais, monsieur, fit la jeune fille vivement.

— A propos ; comment se porte monsieur votre père ; on le dit fort affligé de la goutte? demanda Jean.

— Il souffre beaucoup en ce moment, monsieur... Le connaîtriez-vous?

— De réputation seulement, et pour avoir été un Lovelace fort dangereux et trompeur dans sa jeunesse, mais du reste, charmant cavalier.

— Quand un homme est trompeur, il n'est jamais charmant, cher père, dit Jeannette d'un ton sérieux.

— On n'aurait sans doute pas ce péché à lui reprocher, mademoiselle, si mon père avait rencontré sur son chemin une amie qui vous ressemblât. Mais, s'il a commis quelques fautes en sa vie, son repentir, aujourd'hui, doit trouver grâce aux yeux du monde.

— Il est de ces fautes dont il ne suffit pas de se repentir, mais qu'on doit réparer lorsqu'il s'agit de se les faire pardonner, répliqua sérieusement Flamet.

— Cher père, nous tournons au drame sans nous en apercevoir, observa gaiement Jeannette.

— Tu as raison, petite ; et pour égayer notre nouvel ami, chante-nous quelque chose.

— Volontiers père, répondit Jeannette, quand ce ne serait que pour aiguillonner la verve galante de M. de Saligny.

Tandis que se disaient toutes ces choses chez notre musicien, Henri, après s'être promené deux grandes heures sur le boulevart, du faubourg Montmartre à la madeleine, en l'espoir d'y rencontrer Jeannette, s'était décidé à rentrer chez lui, où il apprit que sa mère l'avait fait demander.

Notre jeune homme s'empressa de diriger ses pas vers l'appartement de Jeanne, qu'il trouva seule, pensive, et qui l'accueillit avec un visage sérieux et mécontent.

— Ma mère, je viens d'apprendre en rentrant que tu désires me parler, et je me suis empressé de me rendre à tes ordres, dit le jeune homme en s'asseyant près de Jeanne.

— Henri, j'ai à me plaindre de toi, Lis cette lettre anonyme que je viens de recevoir.

Henri s'empressa de prendre le papier que lui présentait sa mère, et d'y lire ces mots :

« Madame,

« Je crois devoir vous prévenir que votre fils, au lieu de s'acquitter de la mission que vous lui avez confiée, de remplir les démarches nécessaires pour retrouver l'auteur de ses jours et rendre le bonheur à sa mère, emploie tout son temps à guetter et à suivre une grisette dont il s'est épris en la voyant passer sur le boulevart. Avis ! »

— Mensonge ! infamie ! s'écria Henri en froissant avec indignation la lettre, pour ensuite la jeter au feu.

— Cet écrit n'est-il qu'une calomnie, mon enfant ? demanda Jeanne, adoucie.

— Ma mère, il est facile aux méchants d'envenimer les choses les plus pures. Il a plu à l'auteur de cet écrit de vous dépeindre, sous les couleurs du vice, l'action la plus naturelle comme la plus innocente chez un homme de mon âge, action dont je vais te faire juge.

Alors, Henri s'empressa de raconter à sa mère al rencontre qu'il avait faite de Jeannette ; de lui faire part de la vive impression que les charmes et l'air de modestie répandu dans toute sa personne, avaient produits sur son cœur ; de répéter, mot pour mot, les paroles qu'il lui avait adressées, et ce que lui avait répondu cette jeune fille, qui, loin d'être une grisette, n'était autre qu'une jeune et savante musicienne, demeurant chez son père, célèbre compositeur, et auteur de plusieurs opéras représentés avec succès sur la scène du théâtre Feydeau.

— Henri, la passion que tu ressens pour

cette jeune fille serait-elle vraiment sérieuse? demanda Jeanne, après avoir écouté son fils.

— Pourquoi me demandes-tu cela, chère mère?

— C'est que, si tu aimes cette Jeannette, si sa possession était nécessaire à ton bonheur, je voudrais que tu me l'avouasses franchement, à moi, qui s'empresserais de combler tes vœux, en t'unissant à cette enfant.

— Ma mère, il y a deux jours que j'aurais accueilli avec transport l'offre que ta tendresse vient de me faire entendre, mais hélas! Jeannette n'est pas la femme que j'avais cru deviner et devoir me convenir en qualité de compagne de ma vie. Le hasard a voulu que Robert de Saligny rencontrât Jeannette cette nuit, dans un bal brillant que donnait madame la duchesse de Candeilh, et qu'il fût témoin de la conduite légère et coquette de cette jeune fille, qui d'ailleurs est sur le point de s'unir à l'homme qu'elle aime et dont elle est aimée.

— Alors, oublie cette fille, mon enfant, qu'il n'en soit plus question, et que cet incident t'apprenne à ne plus t'éprendre ainsi de belle passion pour une femme, avant de t'être assuré si le moral répond aux charmes du physique. Henri, je t'en conjure, mon fils, que toutes tes pensées se reportent sur ton pauvre père, et qu'au-

cun effort ne te rebute pour le retrouver;
quelque chose dit à mon cœur qu'il existe
encore, qu'il m'aime toujours, et qu'il
souffre loin de moi. Peut-être est-il pauvre, peut-être manque-t-il du nécessaire
lorsque nous sommes riches et vivons
dans le luxe et l'abondance... Henri, ces
cruelles pensées empoisonnent ma vie et
en abrégeront le terme, si mon pauvre
Jean ne m'est rendu.

— Oh ! nous le retrouverons, ma mère,
nous le retrouverons ! Espère et conserve
tes jours précieux pour le revoir et être
heureuse encore, dit Henri en embrassant
sa mère, en essuyant de ses propres mains
les larmes qui s'échappaient de ses yeux.

— Henri, tu ne sais pas? eh bien, j'ai fait acheter hier, par mon notaire, la maison de la place du marché Sain-Jean, celle où est située la petite boutique de mercerie où je me suis mariée, où j'ai vécue si heureuse avec ton père. Je veux la rétablir telle qu'elle était alors, et m'y enfermer quelquefois pour penser à mon Jean.

— Ma mère, je ne me permettrais pas de contredire ta volonté et tes touchantes intentions, mais je crains qu'en agissant ainsi, en t'isolant dans ce lieu qui ravivera tes souvenirs, tu n'augmentes les regrets et les chagrins qui torturent ton pauvre cœur, observa Henri d'une voix douce et timide.

— Laisse-moi faire, mon enfant, et ne crains rien, car tu es là pour rattacher ta pauvre mère à la vie, répondit Jeanne en embrassant son fils.

IV

Le même jour qu'eût lieu cet entretien entre Jeanne et son fils, et sur le soir, Henri s'échappait de l'hôtel pour se rendre chez Éva, où il arriva comme sonnait la sixième heure.

Le jeune homme, par une faveur toute spéciale, fut admis dans le boudoir de la jeune baronne, qu'il trouva assise devant sa toilette, et livrée aux mains d'un coiffeur et d'une femme de chambre.

— Vous êtes exact, monsieur, c'est bien de votre part, fit Éva, en accompagnant ces mots d'un gracieux sourire, puis reprenant : Avez-vous loué la loge que je vous ai indiquée?

— Oui, madame, une des premières de face, que nous occuperons seuls, suivant vos ordres et vos désirs, répondit Henri, tout en examinant Éva, dont on venait d'achever la toilette élégante; Éva que Henri trouva ravissante de beauté, et avec laquelle il fut laissé seul.

— Bientôt sept heures; mes chevaux sont attelés, il faut partir si nous voulons entendre l'ouverture, disait Éva, en gantant sa main mignonne et blanche.

— Quoi! il n'y a qu'un instant que je suis près de vous, sans témoins importuns, et vous voulez déjà rompre ce tête-à-tête si précieux pour moi? De grâce, charmante Éva, laissez au moins à mon amour le temps de vous admirer, de contempler votre adorable personne, et celui de vous dire : je vous aime !

— Comment, déjà un pareil aveu lorsque nous ne nous connaissons à peine, d'hier seulement, disait Éva, tout en se laissant conduire doucement vers un divan, sur lequel Henri se plaça à ses côtés.

— Est-il donc besoin d'un siècle pour vous admirer, vous aimer et vous le dire ?

— Un siècle serait trop long, j'en conviens, mais quelques heures ne peuvent suffire... A propos, vous voyez en moi une femme désolée.

— En vérité ! que vous est-il arrivé ? s'empressa de demander Henri.

— L'intendant de mon domaine, à qui j'avais écrit de m'envoyer au plus tôt dix mille francs, se permet 'e m'écrire qu'il ne peut me donner cette somme que dans huit et cela jours, lorsque j'ai à acquitter demain une foule de mémoires.

— N'est-ce que cela qui vous inquiète, lorsque vous avez en moi un ami tout disposé à vous sortir d'embarras ?

— En vérité ! quoi vous seriez assez gentil pour cela ?

— Demain matin, baronne, vous aurez vos dix mille francs.

— Vous êtes un homme adorable, mon cher Henri ; aussi, je vous permets de m'embrasser, dit Éva, en tendant son joli visage au jeune homme qui, mésusant de la permission, prit vingt baisers au lieu d'un.

— Henri, vous prêtez à bien gros intérêts, mon ami, dit Éva, en s'échappant des bras de l'amoureux jeune homme pour sonner sa femme de chambre et demander son cachemire.

— Huit heures! nous sommes en retard. Partons vite, reprit Éva.

Une demi-heure plus tard, nos deux personnages faisaient leur entrée à l'Opéra, où ils allaient occuper une loge de face.

— C'est singulier, mais il me semble connaître cette jolie dame rose qui se prélasse dans cette loge du milieu, disait Jean en lorgnant Éva, Jean placé dans une loge de côté, et en compagnie de Robert et de Jeannette.

— C'est la petite baronne de Langèville, une des femmes les plus à la mode, mariée, dit-on, mais on ne sait à qui, répondit Robert, placé derrière Jeannette, laquelle se dérobait à tous les regards en se tenant le plus possible dans le fond de la loge.

— Parbleu ! c'est elle-même, c'est la femme de ce bon Christian Gauthier, c'est la misérable créature qui a lâchement abandonné le meilleur des maris, pour se livrer au dévergondage...Regarde, Jeannette, tu vas tout de suite la reconnaître.

Jeannette, sur l'invitation de son père, tourna la tête du côté de la loge d'Éva, puis laissa échapper un cri de surprise.

— Qu'avez-vous, mademoiselle? s'empressa de s'informer Robert.

— Rien, oh! rien! une douleur qui m'a passée dans le cœur, mais je ne ressens plus rien... Oui, père, oui je la reconnais... Comme elle est toujours jolie !... Mais elle n'est pas seule, observa Jeannette, qui avait reconnu Henri.

— En effet, elle est avec son amant, un jeune homme fort riche dont elle est adorée, et qu'elle est en train de ruiner, comme jusqu'alors elle en a ruiné tant d'autres.

— Ah! il est son amant? fit Jeannette d'une voix émue.

— Depuis six mois qu'il a quitté une des danseuses de ce théâtre, pour s'attacher en esclave au char de cette coquette, répliqua Robert, enchanté du succès qu'obtenait sa ruse.

A partir de cet instant, Jeannette demeura muette et pensive, se contentant de diriger quelquefois son regard du côté de la loge de Henri, pour le ramener ensuite machinalement sur la scène, quoique son esprit distrait ne lui permît n'y d'entendre, ni d'apprécier l'harmonie que l'orchestre prodiguait à flots.

— Décidément, elle l'aimait, ce que trahit son émotion, et j'ai bien fait de l'amener ici, où ce pauvre Henri reçoit le coup de grâce.

— Henri, d'où vient que vous ne me dites plus rien, et pourquoi, depuis un instant, tenez-vous vos yeux ainsi fixés vers le même point? Est-ce quelque beauté plus rare que la mienne qui captive ainsi votre regard... Mais répondez donc, monsieur! ajouta Éva avec impatience, en frappant de son éventail sur la main que Henri tenait posée sur l'appui de la loge.

— Que me disiez-vous, madame?

— Comment, vous ne m'avez seulement pas entendue, tant est grande votre distraction ; mais c'est indigne cela, monsieur ! Je me plaignais que depuis un instant vous ne me parliez plus, de ce que vous ne vous occupiez pas plus de ma personne que si elle était à cent lieues de vous... Voyons, qui regardez-vous ainsi? je veux le savoir!

— En effet, madame, j'ai eu tort, et vous supplie de me pardonner, et s'il faut vous parler franchement, je vous dirai que je cherchais dans ma mémoire où j'ai connu jadis cette homme et cette jeune fille, qui occupent le devant de la cinquième loge, à gauche, à partir de l'avant-scène.

Éva s'empressa aussitôt de braquer sa lorgnette sur ladite loge, pour s'écrier avec surprise :

— Dieu me pardonne, c'est Flameli et sa fille, la petite Jeannette, bonnes gens que j'ai perdu de vue depuis des années, et pourtant que je reconnais aujourd'hui... Comme cette petite a grandi et embelli... Comment les avez-vous donc connus, Henri ?

— Chez un ami de ma famille, où le père venait faire de la musique.

— Pas davantage ? reprit Éva.

— Pas davantage, répondit Henri.

— Ces gens m'ont reconnue, car ils me lorgnent, et comme ils pourraient fort bien leur prendre la fantaisie de venir me saluer, que je tiens fort peu à relier connaissance avec eux, allons-nous-en, mon ami. Le voulez-vous ?

— Je suis tout à vos ordres, madame, répondit le jeune homme en se levant pour offrir sa main à Éva, lequel ne put se décider à quitter la loge sans jeter un dernier regard sur Jeannette, dont les yeux se trouvaient tournés vers le théâtre...

De retour à son hôtel, Éva, quoiqu'il fût onze heures et demie, retint Henri, sous le prétexte qu'elle avait à causer avec lui, et, en cette intention, le fit s'asseoir près d'elle, dans un petit salon out coquet, tout parfumé, et qu'éclairait un grand nombre de bougies.

— Henri, lui dit-elle alors en posant sa main charmante sur celle du jeune homme, je suis très mécontente de vous ce soir : vous avez été détestable à l'Opéra. Vous ne le ferez plus, n'est-ce pas, mon ami ?

— Vous êtes injuste, madame, en me croyant capable de vous avoir déplu avec intention.

— C'est possible, mais c'est que je suis horriblement exigeante envers ceux qui disent m'aimer, alors que je me sens presque disposée à les payer de retour. A propos, n'allez pas oublier, comme vous m'avez oubliée ce soir, de m'envoyer demain matin l'argent que vous m'avez promis...

— Je serai de parole et exact, madame.

— Madame! Toujours cette froide et prétentieuse dénomination! Ne pouvez-vous m'appeler Éva ou mon amie? Je vous dis bien Henri, moi.

— Quoi! chère Éva, vous permettez?

— Je permets, mon ami.

— Que vous êtes bonne et adorable! fit

Henri, tout en glissant son bras autour de la taille d'Éva, pour l'attirer à lui et prendre un baiser, puis deux, puis trois.

— Henri, soyez sage, monsieur, et séparons-nous, car il est minuit; mais n'oubliez pas que je vous attends demain, et que nous dînerons ici, en tête-à-tête, comme deux bons amis.

— Pourquoi pas comme deux tendres amants? observa Henri.

— Peut-être, car il ne faut répondre de rien, les femmes sont si faibles et si bonnes! répliqua Éva en penchant sa jolie tête câlinement sur la poitrine du jeune homme, qui l'enlaça de ses bras amoureux pour lui prodiguer ses caresses.

— Henri, finissez, ou je me fâche ! En vérité, vous êtes d'une promptitude, d'une exigence foudroyante et des plus redoutables... A demain, monsieur, et surtout pensez à moi, pensez à votre amie.

Cela dit, Éva, échappée des bras du jeune homme, sonna sa femme de chambre et ordonna d'éclairer M. Henri.

A peine ce dernier eût-il tourné les talons, qu'Éva se rendit dans sa chambre à coucher, où elle s'enferma au verrou ; puis, après s'être ainsi assurée contre toute surprise, notre jeune femme, avec une clé qu'elle portait sans cesse attachée à sa ceinture elle ouvrit les portes d'un meuble d'acajou massif, lesquelles portes démasquèrent celles d'un coffre-fort en fer, qu'Éva ouvrit de même; lequel coffre-fort contenait une quantité de piles d'or et d'argent.

— Deux cent mille francs en valeur monnoyée d'or et d'argent, cent soixante-dix mille en billets de la Banque : total trois cent soixante-dix mille francs, auxquels j'ajouterai demain les dix mille que doit me remettre cet Henri, qui, je l'espère, ne s'en tiendra pas là. Allons, cela va bien ! Encore un peu de courage, et je parviendrai à compléter les cinq cents mille francs ; puis, libre et riche, je redeviens une honnête femme, je me réconcilie avec mon cher petit mari, auquel j'apporterai, comme compensation des chagrins que je lui ai causés, vingt-cinq mille livres de rente.

Une heure du matin se fit entendre à ce moment, alors Éva ferma son trésor à clé, et sonna pour qu'on la mît au lit.

V

— Cette femme est sa maîtresse, et il osait tenter de me faire la cour! il disait m'aimer, que mon indifférence le désespérait, et il est l'amant d'une épouse infidèle, d'une femme perdue! Ah! que les hommes sont faux et trompeurs! murmurait Jeannette après son retour de l'Opéra, et en attendant dans son lit que le sommeil fermât sa paupière. Quel dommage que des traits si doux cachent une âme perfide! Comme en feignant la froideur, l'indifférence, j'éprouvais du plaisir à l'entendre... Allons, oublions, il le faut, car il m'a trop fait souffrir ce soir... Que m'importe qu'il soit l'amant de cette femme? Ne suis-je pas assez jeune et jolie pour trouver un autre amoureux lorsqu'il me plaira de me marier? D'ailleurs, ce jeune homme, cet Henri, ainsi que l'appelle mon frère, ne voulait que m'abuser, se jouer de ma crédulité. Quelle affreuse perfidie! Et Robert, quel sournois cela fait encore! que de fausseté! Comme il me croit sa dupe et prend pour amoureuses gracieusetés l'amitié qu'il m'inspire en qualité de frère. Oh! que j'éprouverai de plaisir le jour où mon père me permettra de le désabuser sur mes sentiments à son égard. Mais oublions tous ces trompeurs, et prions Dieu pour l'âme sainte de ma mère et pour mon père d'adoption.

Et Jeannette se mit à prier.

Le lendemain, la jeune fille fut matinale, car ce jour était un de ceux où elle donnait leçon à la duchesse de Candeilh.

Jeannette, sa toilette achevée, passa de sa chambrette dans celle de Jean, pour l'embrasser et recevoir sa bénédiction, ainsi que cela arrivait chaque jour; puis, après avoir déjeûné et causé avec son vieil ami, Jeannette se mit en route pour le faubourg Saint-Honoré.

Henri, la veille, après avoir quitté Eva, était rentré chez lui, où enfermé dans sa chambre, et n'éprouvant pas le besoin du sommeil, il s'était jeté dans un fauteuil et livré aux mille réflexions qui agitaient son âme.

— Oui, cette baronne sera pour moi une ravissante maîtresse, pensait-il. Que de grâce, d'esprit, de pétulence! Quel luxe dans tout ce qui l'entoure! Comme elle comprend la vie large et heureuse...

Et cependant, ce n'est pas encore la femme que j'ai rêvée : tant de pétulance, d'absolutisme m'effraient. Jeannette, c'était vous que j'aurais aimée sans crainte, en qui j'aurais déversé toute ma confiance. Ah! pourquoi faut-il que vous ne soyez pas l'ange accompli que mon imagination s'était créée! Elle va se marier, m'a dit Robert ; mais alors, pour qu'un homme honnête l'ait jugée digne de lui appartenir, c'est qu'il a reconnu en elle quelques bonnes qualités... En vérité, je crains que l'amitié que me porte Robert ait été trop susceptible, qu'en voulant me donner une perfection pour compagne, une femme accomplie, il ait poussé trop loin la susceptibilité et pris quelques faiblesses de jeune et jolie fille pour des péchés capitaux... Fou que je suis! A quoi bon m'efforcer d'excuser cette Jeannette, puisqu'elle est perdue pour moi, que sa charmante possession va faire le bonheur d'un autre, moins méfiant, moins exigeant que ma ridicule personne! Eva, c'est à toi que désormais je veux vouer ma tendresse et mes soins! toi que je veux aimer uniquement, toi que l'amour rendra docile à mes vœux.

Henri, tout en murmurant ces derniers mots, se leva pour se diriger vers son secrétaire, où il se plaça pour tracer ces lignes :

« Monsieur Courtier, veuillez payer,
« sur les fonds que vous avez à moi, la

« somme de dix mille francs à la per-
« sonne porteur de cet écrit, laquelle
« somme il vous plaira de porter à mon
« compte. »

Henri plia ce papier, le mit sous enveloppe, et pour suscription : « A monsieur Courtier, notaire, rue Saint-Honoré.

Le lendemain, voulant satisfaire Eva, qui lui avait recommandé de lui apporter ces dix mille francs le plus tôt possible, s'échappa de chez lui sur les dix heures, et comme il traversait le boulevart à la hauteur de la Madeleine, pour se rendre rue Saint-Florentin, où demeurait Éva, Henri se trouva face à face avec Jeannette.

— Vous, mademoiselle ! s'écria le jeune homme.

Et comme Jeannette, dont le charmant et modeste visage s'était coloré d'une vive rougeur, continuait sa marche, après avoir fait un salut imperceptible, Henri reprit d'une voix suppliante en marchant à côté de la jeune fille :

— Ainsi, il est dit mademoiselle, que vous me fuirez sans cesse. Mon Dieu! mais quelle fatale opinion avez-vous donc de ma personne? Et cependant, si vous daigniez me connaître, si vous pouviez lire au fond de mon cœur, combien vous y découvririez de respect et de tendresse pour votre personne... Vous ne voulez

pas me répondre, vous me dédaignez...
Ah! mademoiselle, que vous êtes cruelle
envers moi!...

— Je vous conjure, monsieur, de ne
pas me suivre ainsi, dit enfin Jeannette
d'un ton sérieux.

— C'est au hasard, mademoiselle, que
je suis redevable aujourd'hui du bonheur
de vous avoir rencontrée, puisque, ayant
perdu l'espoir de mériter votre confiance,
de vous attendrir jamais en ma faveur,
j'évitais de me trouver sur votre passage.
Oui, je comprends que ma présence vous
est importune, que vous devez craindre
que l'heureux mortel auquel vous allez
vous unir ne prenne ombrage de ma per-

sonne, s'il nous rencontrait en ce m
ment.

— Me marier! je ne vous comprends pas, monsieur, fit Jeannette, dont le visage exprimait la surprise.

— Pourquoi vous en défendre, mademoiselle, n'est-ce point une chose fort naturelle que de se marier à votre âge?

— Fort naturelle sans doute, monsieur, mais on vous a mal renseigné, car il n'est, à mon endroit, nulle question de mariage.

— Il se pourrait! chère Jeannette! s'écria Henri avec bonheur.

— Comment, monsieur, vous savez mon nom ? Mais quel est donc l'officieux assez indiscret pour se permettre de vous renseigner ainsi sur ma personne ?

— Je ne vous le cacherai pas, mademoiselle, cet officieux n'est autre qu'un de mes amis, ayant nom Robert de Saligny, qui plus heureux que moi a eu l'honneur de vous rencontrer au bal qu'a donné dernièrement madame la duchesse de Candeilh, votre élève.

— Ah ! c'est monsieur Robert ?... Est-ce lui aussi qui vous a annoncé que j'allais me marier ?

— Oui, mademoiselle.

— Son indiscrétion lui méritera, aujourd'hui même, un reproche de ma part.

— Aujourd'hui, dites-vous? mais vous espérez donc le voir? interrogea Henri, avec humeur et surprise.

— Monsieur Robert vient chaque jour chez mon père, où il est et sera toujours le bienvenu, répondit Jeannette.

— Trahison! s'écria le jeune homme avec colère, puis reprenant : Chère Éva...

— Vous vous trompez, monsieur, Éva est le nom de la dame avec laquelle vous étiez hier à l'Opéra, et non le mien.

— Pardonnez cette erreur, mademoiselle, reprit Henri en rougissant, et que salua Jeannette, pour entrer vivement dans l'hôtel du duc de Candeilh, dont elle venait d'atteindre la porte.

Henri, demeuré seul dans la rue, demeura un instant immobile et interdit, puis il se remit à marcher d'un pas vif, en se dirigeant vers la demeure de Robert, tout en murmurant entre ses dents !.

— Le traître! le perfide! Ah! il me paiera cher cette infâme trahison !

Robert était absent lorsque Henri se présenta chez lui.

— Je reviendrai! oui, je reviendrai!

disait le visiteur désappointé en se retirant. Mais où aller en attendant?... Parbleu! chez Éva, qui attend ce que je lui ai promis, qui déjà peut-être, en ne me voyant pas venir, m'accuse de manquer à ma parole... Éva! nom funeste, échappé maladroitement de mes lèvres, et duquel Jeannette a paru s'offenser... Connaîtrait-elle la baronne? oui, sans doute. Mais elle la méprise donc cette femme, puisque rien qu'en lui donnant, par erreur, le nom d'Éva, sa fierté s'en est trouvée blessée.

Ce fut en pensant ainsi qu'Henri arriva chez Éva, qui commençait à s'inquiéter en ne le voyant pas lui apporter la somme promise, et l'accueillit avec les transports de la plus vive tendresse.

— Arrivez donc, méchant, je craignais que vous n'eussiez oublié votre amie, et me désespérais déjà, fit la jeune femme, en s'appuyant câlinement sur Henri, en levant vers les siens des yeux remplis de la plus tendre expression.

— Madame, j'ai pour habitude de ne jamais manquer à ma parole, répondit le jeune homme, en présentant le bon de dix mille francs.

— Qu'est-ce que cela ?

— Un bon sur mon notaire, qui s'empressera d'y faire droit.

— Ah ! je sais, cette somme en question. Le désir de vous revoir, Henri, m'avait fait oublier... Mon ami, nous allons déjeûner ensemble.

— Ce serait avec plaisir, mais une affaire importante m'appelle en ville.

— Henri, les affaires de ce genre doivent s'incliner devant ma volonté et me céder le pas. Or, je ne vous lâche pas, mon ami.

— Baronne, soyez donc raisonnable en me laissant m'éloigner, disait Henri, tout en cherchant à se dégager des bras d'Éva qui l'étreignaient.

— Quoi, encore de la résistance, un refus! En vérité, Henri, vous faites un singulier amoureux, dont le caractère, tantôt vif, tendre, pressant, ainsi qu'une capricieuse girouette, tourne subitement du midi au nord, et vous glace par sa froideur... Mon cher, sachez que je déteste les variations, et que, dans l'homme que je consens à aimer, j'exige un caractère égal, beaucoup d'amour, et surtout de la franchise; enfin, que je ne m'accommoderai nullement d'un amour, qui né d'hier, que la fantaisie d'aujourd'hui emporterait, fit Éva avec colère et dépit.

— Allons, ne vous fâchez pas ainsi, je reste, faites de moi tout ce qu'il vous plaira, charmant petit lutin, répondit le faible Henri, succombant devant la vue des charmes que trahissait le coquet négligé d'Éva, et la douce et enivrante chaleur que son corps charmant lui communiquait par une tendre pression.

— C'est heureux que monsieur se décide à me plaire, reprit en riant Éva.

— Éva, est-ce que vous connaissez particulièrement les personnes que nous avons aperçu hier soir à l'Opéra? demandait Henri un peu plus tard et tout en déjeûnant.

— Pourquoi cette demande, Henri? La jeune fille qui en faisait partie vous intéresserait-elle?

— Allons, pas d'injustes soupçons, et sachez que si je désire me renseigner sur ces personnages, et la jeune personne elle-même, c'est que Robert, qui en est passionnément amoureux, ne songe rien moins qu'à l'épouser.

— Comment, Robert pense à faire une pareille folie? dit Éva en riant.

— Très sérieusement. Mais veuillez répondre à ma question.

— Mais cher ami, que puis-je vous apprendre sur des gens que j'ai perdu de vue depuis six ans? Je me souviens qu'en ce temps-là le sieur Jean Flameti, excellent homme du reste, ne cessait d'avoir la larme à l'œil, c'est qu'il pleurait alors la perte de deux femmes qu'il aimait fort, dont l'une lui avait été enlevée par un galant, sans doute, et l'autre par la maladie ; quant à Jeannette, elle n'était en ce moment là qu'une petite fille d'une douzaine d'années, qui promettait d'être un jour jolie comme un ange, et bonne comme le bon Dieu.

— Cette jeune fille, de quel mariage descend-elle, du premier ou du second ? interrogea de nouveau Henri.

— Jeannette, mon cher, n'est que la fille d'adoption de Flameti, fruit issu du tendre commerce d'une célèbre chanteuse du théâtre Feydeau, intitulée Félicia, avec un seigneur qui fut son séducteur, et l'abandonna lorsqu'elle devint mère. Félicia qui estimait fort Flameti, lui légua sa fille en mourant, mais en laissant à cette petite une assez grosse dot, qu'elle avait déposée entre les mains d'un homme d'affaires nommé Vincent, lequel, voyant sa cliente décédée, ne trouva rien de mieux à faire que de voler la dot et de disparaître avec.

— Infamie! fit Henri.

— En effet, mais Jeannette était tombée entre bonnes mains, et ce malheur ne servit qu'à la rendre plus chère encore au bon Flameti, qui l'adopta pour son enfant, et l'a élevée jusqu'aujourd'hui, en lui prodiguant toute la tendresse et les soins d'un excellent père.

— Le brave homme!... Mais qu'est devenu sa première femme? n'en a-t-il plus entendu parler?

— Jamais, pas plus que de l'enfant dont elle était enceinte lorsqu'elle le planta là pour suivre l'amant qu'elle lui préférait... Maintenant, Henri, que j'ai satisfait votre curiosité autant qu'il m'a été possible, allons au bois faire notre promenade.

— Quoi, encore et toujours au bois! mais vous avez une singulière prédilection pour cette promenade, ma chère Éva, observa Henri en souriant.

— J'avoue mon faible, mon ami; c'est que nulle part je ne me plais autant qu'au bois de Boulogne.

— Eh bien! allons au bois de Boulogne puisque cela vous est agréable, mon ange, répondit Henri en enlaçant Éva de ses bras pour la conduire sur un sopha où il la déposa doucement, et se plaça à ses côtés.

— Henri, avouez-moi donc franchement ce qui vous rendait maussade lorsque vous êtes entré ce matin chez moi? demanda Éva.

— Une querelle que je venais d'avoir avec l'un de mes amis.

— A quel sujet? pour une femme, peut-être?

— Pour un cheval que je voulais acheter, et duquel ce perfide ami s'est empressé de me priver, en en faisant lui-même l'acquisition.

— Franchement, une pareille bagatelle ne valait pas la peine que vous vous présentassiez chez moi avec un visage à porter l'amour en terre.

— Ne parlons plus de ça, puisque vous m'avez pardonné.

— En êtes-vous bien sûr?

— Pour que je n'en doute pas, donnez-m'en la preuve par un baiser.

—Prenez, beau sire, répliqua Éva en présentant son joli visage, permis dont usa largement Henri, qui alléché par cette faveur, en exigea une autre beaucoup plus importante que lui refusa Éva en s'échappant de ses bras.

Après un long laps de temps consacré en douces causeries, et comme l'heure avançait, les deux amans montèrent en calèche et prirent la route du bois. La troisième heure après-midi sonnait alors.

Après maints détours dans les longues avenues, la calèche d'Éva prit le chemin d'Auteuil, d'après l'impulsion routinière que le cocher venait de communiquer aux chevaux ; mais ne voilà-t-il pas qu'en passant devant la petite maison que nous connaissons, un des chevaux s'avisa de s'abattre dans la poussière, juste en face la charmille du jardin de Christian, lequel Christian s'y trouvait à ce moment en grande compagnie de Jean, Jeannette et Robert, trois personnages que Henri reconnut tout de suite, et dont il fut reconnu de même.

— Maudit soit ce cheval qui choisit justement le guêpier où il m'a conduit pour s'y abattre, pensait Henri, affreusement contrarié.

— L'indigne femme, qui vient ainsi chaque jour me braver audacieusement! Je ne sais qui retient mon bras prêt à châtier tant d'insolence! s'écriait Christian furieux, en lançant des regards foudroyants à Eva, qui fixait sur lui un regard souriant.

Pendant ce temps, le cocher, aidé d'un valet, s'occupait à relever le cheval.

— Allons, de la modération, mon cher Christian, et que votre mépris soit la seule punition que lui méritent de votre part son audace et ses vices, disait Jean en retenant Christian et tout en l'entraînant dans la maison.

— Toujours avec cette femme ! Hélas ! il l'aime donc bien ! soupirait tout bas Jeannette, dont une larme était venue mouiller la paupière.

— Décidément, ce cher Henri est un

modèle d'amour et de constance, fit à son tour Robert en s'adressant à Jeannette, dont cette remarque irrita encore plus la douleur secrète qui oppressait son cœur.

Jean, après avoir fait rentrer Christian, revint aussitôt dans le jardin, qu'il traversa d'un pas vif, pour se diriger vers une petite porte pratiquée dans la haie, ouvrir cette porte et s'avancer résolûment vers la calèche, au même instant où elle allait reprendre sa course.

— Éva, dit Jean d'une voix sévère en s'adressant à la jeune femme, Éva, c'est mettre le comble à votre indigne conduite envers le mari que vous avez lâchement abandonné, parce qu'il était pau-

vre, que de venir chaque jour, ainsi que
vous le faites, le braver audacieusement.
Prenez garde de trop lasser sa patience,
madame; prenez garde! car il ne se promet
rien moins que de châtier votre insolence,
si vous osez vous présenter de nouveau
à ses yeux. Soyez, certaine, Éva,
que la présence de votre amant ne saura
vous garantir du châtiment qu'il vous réserve,
car, dans sa juste fureur, il vous
tuera tous deux. Avis à vous, monsieur,
vous qui ne rougissez pas de vous joindre
à une femme adultère, une prostituée,
pour venir insulter un honnête homme!

— Monsieur! fit Henri humilié et colère.

— Silence, mon ami, car je suis dans mon tort, et je m'incline. Monsieur Flameti, dites à Christian que jamais mon intention n'a été de le braver, encore moins de l'insulter par ma présence, et que, si souvent je passe devant sa demeure, ce n'est autre qu'un sentiment amical, le regret et peut-être le repentir qui m'y amènent. Dites-lui, encore, monsieur, que je l'aime toujours et que son pardon est le plus ardent de mes désirs, répondit Eva avec calme, pour ensuite donner à son cocher le signal du départ.

— Sambleu! madame, voilà une triste aventure pour vous et un singulier rôle que vous m'avez fait jouer, dit Henri avec humeur à Eva, demeurée muette et pensive.

— Évitez-moi vos reproches, monsieur, quant à ce qui vient de nous arriver, j'en suis désolée pour vous et encore plus pour moi, de qui cela brise toutes les espérances.

— Oh! la singulière et incompréhensible femme vous faites, ma chère amie! fit Henri.

— En effet, je dois vous paraître stupide, et si je me donnais la peine de vous expliquer ma conduite... Mais vous ne me comprendriez pas.

— Pourtant, en y mettant un peu de bonne volonté? demanda Henri.

— Pas davantage ! répliqua Éva.

Cela dit, et tant que dura la route, chacun de nos deux personnages garda le silence, chacun s'étant livré à ses pensées secrètes.

Eva, rentrée chez elle, n'engagea pas Henri à rester plus longtemps près d'elle, et le congédia sans même lui dire à demain.

— Maudite femme! maudit caprice auquel je suis redevable de la perte de mes plus chères amours! murmurait Henri, furieux contre Eva et contre lui-même.

— Monsieur, il y a là une dame voilée

qui demande à vous parler, disait le lendemain Babet à Christian, qui, triste et chagrin, n'avait pas quitté la chambre depuis la veille.

— Je ne suis pas disposé à recevoir aujourd'hui; dites que je n'y suis pas, Babet...

— C'est dommage, not' maître, car cette petite dame a la voix si douce et paraît si aimable, que je ne me sens pas le courage de la renvoyer.

— Ah! tu t'intéresses à cette visiteuse! Au fait, c'est peut-être une bonne élève que le bon Dieu m'envoie... Fais-la entrer, Babet.

Une dame vêtue de noir se présenta ; Christian, qui s'était levé pour la recevoir dans son salon, s'empressa de lui avancer un siége.

— Eva ! vous chez moi, madame ! s'écria Christian en reculant, après avoir reconnu sa femme, qui venait de lever son voile..

— Oui, Christian, moi qui viens implorer ton pardon et t'apporter la fortune.

— Mon pardon ! quelle plaisanterie ! Quoi ! vous n'avez pas craint, en vous présentant devant moi, d'exciter ma colère, et que je vous chassasse avec mépris?

— Christian, je n'ai rien calculé de tout cela, quoique tu m'en aies fait menacer hier par ton ami Flameti. Christian, écoute-moi : je n'ai jamais cessé de t'aimer et de penser à toi ; si je t'ai quitté, c'est que je voulais acquérir, en dépit de toi, la fortune, le bien-être, sans lesquels l'existence n'est qu'une mauvaise plaisanterie ; si chaque jour je venais rôder autour de ta demeure, ce n'était pas, ainsi que tu le penses, pour te narguer, mais en l'espoir de t'apercevoir et de t'envoyer un baiser. Christian, je te le répète, je suis riche, et, sans me demander d'où provient cette fortune, oublie le passé, pardonne-moi et vivons ensemble comme deux bons époux. Mais, avant d'entendre ta réponse, je dois te prévenir qu'un refus de ta part sera la cause de ma mort, et que mon intention est de m'asphyxier aujourd'hui même. Maintenant, choisis et réponds.

— Madame, ainsi que vous, à mon égard, je n'ai jamais cessé de vous aimer, et je vous aime encore ; mais, dussé-je mourir du chagrin et du regret que m'inspirent votre perte, je ne vous pardonnerai jamais, et jamais le même toit n'abritera en nous le mari abandonné, trompé, et la femme adultère.

— Christian, je vois avec peine, mon ami,

que vous avez conservé vos idées bourgeoises. Il ne s'agit plus ici d'un passé qu'il faut rayer de notre mémoire, pour ne plus nous occuper que de l'avenir. Or, comme mon intention est de vous être soumise et d'une fidélité à toute épreuve, de vous rendre le plus heureux des époux, passés, présents et à venir, je ne sais, cher ami, pourquoi vous n'accepteriez pas ces brillants avantages, accompagnés d'une vingtaine de mille livres de rente. Allons, cessez de baisser les yeux à l'instar d'un jésuite. Regardez-moi : j'ai vingt-quatre ans, je suis jolie, à ce que me bourdonnent chaque jour aux oreilles cent adorateurs, auxquels je renonce pour vous. Maintenant, prononcez mon arrêt de vie ou de mort.

— J'ai dit, madame, répliqua sèchement Christian.

— Ainsi, tel est votre dernier mot?

— Oui, madame, mon dernier.

— Alors, mon cher mari, puisque vous ne voulez pas de moi chez vous, c'est vous qui viendrez chez moi.

— Vous vous trompez fort, madame.

— C'est ce que nous allons voir, monsieur.

Cela dit d'un air narquois, Eva frappa des mains, signal auquel accoururent

trois grands gaillards qui se jetèrent sur
Christian, lui fermer la bouche avec un
bandeau, le garotter et l'enlever, pour
le transporter dans une berline qui stationnait à la porte du jardin, laquelle, attelée de deux chevaux vigoureux, partit
et fendit l'air.

Une demi-heure plus tard, Christian,
après avoir été transporté dans l'hôtel de
sa femme, se trouvait enfermé dans une
chambre à fenêtre grillée.

— Monsieur, vous êtes mon prisonnier, et, en vertu du plus fort, je vous
condamne à manger, à boire et à coucher

avec moi à perpétuité, disait Eva d'un ton sentencieux, tout en débarrassant Christian du bandeau qui étouffait sa voix et des liens qui paralysaient ses mouvements.

— Corbleu, madame! que signifie cette comédie? Me prenez-vous pour un niais, un Cassandre? s'écria Christian furieux et menaçant.

— Mon ami, vous êtes ici chez vous, et vous voyez en moi votre esclave soumise, répliqua Eva d'une voix doucette.

— Eva, vous me poussez à bout, prenez garde!

— Mon ami, voici nos gens qui apportent le déjeûner.

— Je n'ai que faire de votre déjeûner ; ce que j'exige, c'est que vous me laissiez sortir d'ici.

— François, avez-vous monté du champagne? s'informa Eva à l'un des deux valets qui venaient d'apporter dans la chambre une table toute servie.

— Oui, madame, deux bouteilles.

— C'est bien ! retirez-vous, fermez cette porte à double tour, et ne revenez pas sans que je vous aie appelé.

Les valets sortirent, et Christian, qui s'était laissé tomber dans un fauteuil, où il restait anéanti et confondu, entendit grincer deux fois le pène de la serrure.

— Maintenant, à table, mon cher petit mari, s'écria joyeusement Eva.

— Pauvres hommes! combien nous sommes faibles et lâches, quand nous aimons cette engeance maudite qu'on appelle la femme, murmurait le lendemain matin Christian en s'éveillant sous une montagne d'édredon et dans les bras de sa sa femme, encore endormie, et de laquelle il se mit à contempler le charmant visage et les lèvres roses qui semblaient lui sourire et appeler le baiser.

VI

— Une lettre pour monsieur, disait un valet, en se présentant le matin au lit de Robert lorsqu'il faisait à peine jour.

— Qui diable peut avoir affaire à moi à

une pareille heure? disait Robert éveillé en sursaut, tout en se frottant les yeux.

— L'homme qui vient d'apporter cette lettre, et qui en attend la réponse, m'a dit de la remettre sans aucun retard à monsieur, reprit le valet.

Robert brisa le cachet.

Cette lettre renfermait ces lignes :

« Robert, vous êtes un infâme, un ami
« perfide. Afin de m'éloigner de Jeannette
« vous m'avez calomnié auprès d'elle et
« attiré tout son mépris, et pour mieux
« me perdre en son esprit, il n'est pas de
« piége infernal que vous n'ayez tendu à

« ma confiante amitié. Robert, je vous
« attends à dix heures au bois de Boulo-
« gne, porte d'Auteuil, j'aurai des armes,
« et mes témoins m'auront accompagnés.
« Ne l'oubliez pas.

« HENRI. »

— Dites que je serai exact au rendez-
vous, fit Robert après avoir lu.

— Il a corbleu raison de m'en vouloir,
ce cher ami, car franchement je me
suis conduit envers lui en homme déloyal... Aussi, pourquoi diable s'avise-t-il
d'aimer la même femme que moi ? ou plutôt, pourquoi me suis-je enmouraché follement de cette petite?... Y renoncer et
reconnaître mes torts est-ce que j'aurais

de mieux à faire. Je ne sais, en vérité, quel charme m'a jeté cette Jeannette, mais je sens qu'il me serait impossible de ne plus aimer. Donc, aucun moyen d'appaiser Henri, qui, certes, ne consentira jamais à me la céder de bonne grâce. Or, un duel entre lui et moi devient inévitable, et puisqu'il faut absolument en venir aux armes, préparons-nous bravement.

Cela dit, Robert sonna son valet de chambre pour se faire habiller.

A dix heures précises, notre jeune homme entrait dans le bois par la porte d'Auteuil, accompagné de deux témoins qu'il avait recrutés au hasard.

— Exact au rendez-vous, comme tu le vois, mon cher Henri, malgré tout le regret que j'éprouve d'être contraint de me battre avec toi. Voyons, il n'y a donc nul moyen, selon toi, de nous entendre et d'arranger cette affaire? disait Robert après avoir joint Henri, qui était arrivé le premier.

— Robert, après t'avoir rencontré il y a quatre mois en Italie, à Milan que j'habitais alors, tu m'offris ton amitié en échange de la mienne, je l'acceptai, et tous deux nous jurâmes d'être frères l'un pour l'autre.

— C'est vrai, répondit Robert.

— Eh bien! reprit Henri, comment as-tu tenu ce serment, et quelle a été ta conduite à mon égard, depuis quelques jours ?

— Celle d'un rival, j'en conviens, mais il est dit dans certain opéra :

> Qu'en amour comme à la guerre,
> Un peu de ruse est nécessaire.

Or, nous voyant tous deux amoureux de la même femme, j'ai rusé.

— Mais avant que tu ne connusses Jeannette, tu savais que je l'aimais, et tu devais respecter les sentiments de celui que tu appelais ton ami.

— Écoute, mon cher Henri, je t'assure qu'à l'égard de toute autre femme, fût-ce même une reine, je serais demeuré froid insensible comme un marbre, mais il s'agissait de Jeannette, d'une enchanteresse qui m'a jeté un sort, contre lequel ma raison, mon cœur, ont vainement lutté. Te dire ce qu'a cette charmante fille pour me forcer de l'aimer, quelle sympathie m'attire malgré moi vers elle, je ne puis le définir. Enfin, est-ce la ressemblance qui existe dans nos traits, ou tout autre sentiment, ce qu'il y a de certain est que je préférerais mille morts plutôt que de cesser de l'aimer.

— D'après une pareille réponse, messieurs, vous voyez qu'un duel est inévitable, fit observer Henri à ses témoins.

— Battons-nous donc alors, quoique ce soit avec le plus vif regret que je me vois contraint de tourner mon arme contre le sein de l'ami que j'aime le plus au monde, reprit Robert d'un accent peiné.

— Pas de dérision, Robert. Lorsqu'on aime sincèrement un ami, on ne le trahit pas ainsi que vous l'avez fait, répondit Henri.

— A quoi vous battez-vous, messieurs, à l'épée ou au pistolet? demanda un des témoins de Robert.

— L'arme que le sort désignera, répondit Henri.

Une pièce d'argent fut jetée en l'air et tomba face. C'était l'épée qui l'emportait. Les deux adversaires s'attaquèrent, et après quelques passes, quoique Robert et Henri fussent de la même force, ce dernier s'affaissa dans les bras d'un témoin ; le fer de Robert lui avait traversé le côté droit.

— Malédiction ! lui-même s'est enferré lorsque j'évitais de le blesser autant qu'il m'était possible, s'écriait Robert pâle et tremblant, tout en se hâtant de déshabiller Henri pour découvrir la blessure, sur laquelle il s'empressa de coller ses lèvres afin d'en extraire le sang, dont les chairs, en se rejoignant, arrêtaient le cours.

Henri avait perdu connaissance, et la pâleur de la mort régnait sur son visage.

— La position du blessé est inquiétante, messieurs, il faut nous hâter de le transporter à Auteuil et d'appeler un médecin, dit un témoin.

— Près d'ici, messieurs, est située la demeure d'une personne de ma connaissance, laquelle ne nous refusera pas de donner asile à notre malheureux ami, répondit Robert.

Henri, sur cette proposition, fut enlevé et transporté par Robert et les témoins jusqu'à la maison de Christian, où, malgré l'absence de ce dernier, Babet, la jardinière, après avoir reconnu Robert, s'empressa de les recevoir, et de mettre une chambre et un lit à la disposition du malade. Le chirurgien qu'on s'était empressé de faire appeler, après avoir examiné la blessure, déclara qu'il n'y avait aucun danger pour la vie, mais que les plus grands soins étaient nécessaires.

Henri, après être demeuré deux grandes heures sans connaissance, ouvrait enfin les yeux, pour apercevoir, à son chevet, Robert, le visage baigné de larmes, et penché sur lui.

— Ne parle pas, mon cher Henri! Ta blessure n'est pas dangereuse, le chirurgien vient de nous l'assurer, dit Robert.

— Babet, où est donc votre maître? demandait un instant plus tard Robert à la grosse fille, en ne voyant pas paraître Christian.

— Hélas! mon bon monsieur, apprenez qu'hier, notre bon maître a été enlevé de force par sa femme, qui l'a fait conduire chez elle où elle le retient prisonnier, à ce qu'elle nous a fait dire ce matin, afin que nous ne soyons pas trop inquiets de lui.

— Saperlotte ! voilà qui est neuf et curieux, un mari enlevé par sa femme, fit Robert en riant.

— Mais quoi donc qu'a veut faire de ce cher homme qu'elle a abandonné si longtemps ? demanda Babet inquiète.

— Dame ! son amant, sans doute, s'il ne veut pas redevenir son mari, répondit Robert ; en tout cas, et comme je suis certain que votre maître approuvera votre humanité, ma chère Babet, ayez bien soin de notre jeune malade, ajouta le jeune homme, en plaçant sa bourse dans la main de la grosse fille, pour ensuite retourner au chevet de Henri, sur lequel veillait le chirurgien.

Quelques heures plus tard, Robert, de retour à Paris, remettait chez le concierge de l'hôtel de la mère de Henri, un billet ainsi conçu :

« Madame,

« Votre fils a été blessé légèrement ce
« matin en se battant en duel, sa vie ne
« court aucun danger. C'est à Auteuil,
« dans la maison de M. Christian Gau-
« thier, un de mes amis, où je l'ai fait
« transporter et donner les soins néces-
« saires à son état, où il vous sera facile
« d'aller le visiter. Encore une fois, ma-
« dame, soyez sans inquiétude, votre fils
« vous sera conservé. »

Cette démarche faite, Robert, entraîné

par une force irrésistible, se dirigea vers la demeure de Jeannette, où cette fois, et contre l'ordinaire, il reçut un accueil glacial de la part de la jeune fille.

— Qu'avez-vous aujourd'hui, mademoiselle, vous semblez fort triste, et daignez à peine fixer les yeux sur moi? s'informa Robert.

— Dame, mon jeune ami, à en croire Jeannette, vous avez commis de grandes fautes, fit Jean.

— Il serait possible, de grâce, mademoiselle, veuillez m'expliquer...

— Je n'ai rien à vous dire, monsieur,

mais seulement à vous prier de lire la lettre que voici, et que m'a fait remettre hier soir M. Henri, dit la jeune fille, en présentant ladite lettre à Robert, dans laquelle Henri s'efforçait de se justifier aux yeux de la jeune fille des torts dont l'accusait Robert, et dévoilait toutes les machinations qu'avait déployées cet ami perfide pour le compromettre, et indisposer contre lui la seule personne qu'il eût aimé jusqu'alors, et à laquelle il brûlait d'offrir son cœur et sa main.

Robert, après avoir pris connaissance de cet acte accusateur, le remit à Jeannette.

— Eh bien, monsieur, que pensez-vous

du contenu de cette lettre? demanda Jeannette en voyant Robert garder le silence et en proie à une vive émotion.

— Que tout ce qu'elle contient est l'exacte vérité, et que je suis coupable sous tous les points, répliqua froidement Robert.

— Vous en convenez, c'est déjà bien de votre part; mais j'exige mieux encore.

— Parlez, mademoiselle.

— Que vous ne gardiez pas rancune à votre ami de la démarche qu'il a faite en m'adressant sa justification.

— Mais, pour prendre ainsi les intérêts de Henri, d'un rival, vous l'aimez donc, mademoiselle?

— Que vous importe, monsieur? vous dois-je compte des sentiments de mon cœur?

— C'est que je vous aime, moi, madeselle, et d'un amour qui ne consentirait jamais à céder votre précieuse possession à un autre.

— En sorte d'après, cela, qu'il ne m'est plus permis de disposer de mon cœur en faveur d'un autre que vous? Franchement, vous avez là une passion bien tyrannique, monsieur, reprit Jeannette en souriant.

— Cet amour, mademoiselle, est-ce que vous l'avez fui en accueillant mon hommage, en étant bonne et confiante envers moi ?

— Bon père, vous entendez, monsieur Robert a pris pour de l'amour ce qui n'était de ma part qu'un sentiment amical et naturel... Père, ne consentez-vous à me justifier à ses yeux, à éteindre d'un mot cette rivalité qui m'effraie, entre deux amis ? Vous à qui ce matin j'ai ouvert mon cœur tout entier, après avoir lu cette lettre de M. Henri, reprit Jeannette d'une voix suppliante.

— Monsieur Robert, je cède au désir

de ma chère Jeannette, quoiqu'il m'en coûte beaucoup, mais en faisant cela, je crois parer à un malheur, qui arriverait infailliblement entre deux jeunes gens comme vous et M. Henri, enfin pour éviter un duel entre deux amis... Robert, le sentiment que votre cœur 'ressent pour Jeannette n'est pas de l'amour.

— Quelle erreur! fit Robert.

— Non, reprit Jean, mais un tendre sentiment fraternel, car vous êtes son frère.

— Son frère! moi, son frère! s'écria le

jeune homme, en proie à une violente émotion, en fixant son regard plein de joie et d'aménité sur Jeannette, qui fondait en larmes, et dont il s'empara de la main pour la porter à ses lèvres et la couvrir de caresses.

— Oui, monsieur, Jeannette est la fille du comte de Saligny, votre père, qui séduisit jadis une innocente jeune fille, nommée Félicia Bernard, qu'il abandonna après l'avoir rendue mère.

— Félicia Bernard? Oh! oui, oui, j'ai entendu prononcer ces noms à mon père, qui, souvent, en regrettant les erreurs de sa jeunesse, en manifesta un sincère repentir... Ah! Jeannette, ma sœur bien-aimée, combien notre père va être heureux de retrouver en vous une enfant de plus à chérir!

— Robert, je n'ai qu'un père, celui qui m'a aimée, élevée, nourrie de son pain ; et ce père chéri, auquel je dois tout mon amour, ma reconnaissance, mes soins, le voilà! répondit Jeannette en se jetant dans les bras de Jean, pour mouiller ses joues de larmes en les couvrant de baisers.

— Oui, enfant chérie, tu es à moi, bien à moi, et personne n'a le droit cruel de t'arracher à ma tendresse, pas même le comte de Saligny, qui t'a refusé son nom et fermé son cœur. Mais ce n'est pas une raison pour refuser de le voir s'il le demandait, n'est-ce pas, Robert?

— Mon père vous séparer de votre Jeannette, ah! ne le pensez pas, il en est incapable; de sa part, vous n'avez à attendre que reconnaissance et bienfaits, car il est juste et bon, mon père, répondit Robert.

Puis, s'adressant à Jeannette :

— Sœur, ajouta-t-il, veux-tu que ton frère t'embrasse?

— Oui, Robert, oui, mon frère, répondit la jeune fille en passant des bras de Jean dans ceux du jeune homme.

— Jeannette, reprit Robert, tu aimes Henri, n'est-ce pas?

— Moi! fit la jeune fille en rougissant.

— Elle croit l'aimer, du moins, m'a-t-elle avoué ce matin, dit Jean.

— Aime-le, ma sœur, car il est digne de toi, et tu en es aimée tendrement.

Jeannette, nous irons le voir, et tu lui demanderas qu'il me pardonne.

— Le voir! où donc? s'informa avec surprise la jeune fille.

— A Auteuil, chez Christian, où je l'ai fait transporter ce matin après une chute de cheval.

— Grand Dieu! il est blessé? s'écria Jeannette en pâlissant.

— Très légèrement, au côté; mais le

médecin m'a fortement assuré que cela n'était pas dangereux, et qu'il en serait quitte pour garder le lit quelques jours.

— Le pauvre jeune homme! je ne le connais pas, c'est vrai, mais du moment que ma Jeannette l'aime, je m'intéresse beaucoup à lui. Nous irons le voir, petite.

— Et mon père, ne consentirez-vous pas à lui conduire sa... votre Jeannette, à répandre sur les souffrances qu'il endure un peu de baume consolateur?

—Dame! qu'en dis-tu, Jeannette? Il me

semble que nous ferions bien. Mais êtes-vous certain, Robert, que notre visite lui sera agréable? demanda Jean.

— Ah! gardez-vous d'en douter, monsieur, et permettez que je satisfasse mon impatience en courant lui annoncer la visite de sa fille.

— Allez, Robert, mais souvenez-vous mon frère, que jamais je ne veux me séparer de celui qui a pris soin de mon enfance, observa Jeannette.

Robert, après avoir embrassé de nouveau sa sœur et pressé amicalement la main du bon Jean, s'empressa de se rendre chez lui, où, du plus loin qu'il l'aperçut, un valet accourut d'un air effaré, en lui disant :

— Ah! venez vite, monsieur, monsieur le comte, votre père, saisi subitement par une violente attaque de goutte, est au plus mal et sans connaissance.

Robert n'en écoute pas davantage, il franchit d'un pas rapide les degrés qui conduisent à l'appartement de son père, dans la chambre duquel il pénètre, pour apercevoir le comte de Saligny étendu sur un lit, le visage renversé, défiguré et luttant contre les attaques d'une mort inévitable et prochaine.

VI

Il y avait à peine une heure que Robert avait quitté Jean, lorsqu'un domestique se présenta chez ce dernier, porteur d'une lettre ainsi conçue :

« Mon bon et cher Jean,

« J'ai besoin de te consulter sur un
« point très délicat et de te faire juge dans
« une affaire de laquelle dépendent le re-
« pos de ma conscience et celui de mon
« cœur.

« Comme je connais ta sagesse, je
« m'en rapporterai à ta décision, qui sera
« pour moi un arrêt suprême devant le-
« quel je m'inclinerai sans nulle observa-
« tion.

Si je n'étais retenu sous les verroux,
« je serais allé moi-même te trouver
« pour te soumettre l'affaire dont il s'a-
« git ; mais, comme pour or ni pour
« argent, on ne consent à me rendre la

« liberté, même sur parole, je te supplie de
« venir à moi, ne pouvant aller à toi. Viens
« vite, le cas est pressant.

« Ton ami,

« CHRISTIAN GAUTHIER,

« Prisonnier de sa femme, en
« son hôtel, rue Saint-Flo-
« rentin. »

— Ce pauvre garçon, prisonnier de sa femme ! En voilà une singulière punition ! Ah ! que n'ai-je le même bonheur ! Qu'il me serait doux d'avoir ma Jeanne chérie pour geôlière, je n'aurais garde de me plaindre et de regretter la liberté!

Tout en faisant ces réflexions, Jean s'habillait en grande hâte, pour prendre ensuite congé de Jeannette et s'éloigner, pour se rendre rue Saint-Florentin, à l'hôtel d'Éva, dans lequel il fut reçu avec égard par la maîtresse du séant, qui, du plus loin qu'elle l'avait aperçu, s'était empressée d'accourir à lui, le sourire sur les lèvres, et, le prenant par la main, de le conduire dans un coquet salon, où elle le fit asseoir et se plaça près de lui.

— Çà, ce que j'ai entendu dire est donc

vrai, madame? Vous vous êtes permis d'enlever votre mari et de le retenir prisonnier chez vous? commença Jean d'un ton sérieux.

— Oui, mon ami, cela est vrai. Que voulez-vous? j'aime ce cher bichon, et comme il refusait de me recevoir chez lui, je l'ai forcé de venir chez mo.

—Mais, madame, votre conduite, depuis que vous vous êtes séparée de Christian...

— A été celle d'une femme adroite, étourdie, mais qui n'a pas failli à la foi conjugale, interrompit Eva.

— Mais cette fidélité, comment la prouverez-vous ?

— En cinq mots que voici : j'ai toujours aimé mon mari.

— Ce qui ne vous a pas empêchée de le planter là pendant cinq ans.

— Ce temps m'a été de toute nécessité pour amasser la fortune que je possède aujourd'hui et veux partager avec Christian. Vingt mille livres de rente, rien que cela !

— Vingt mille livres de rente ! peste !

Mais par quel moyen avez-vous amassé tant d'argent?

— En jouant à la hausse et à la baisse, et en gagnant toujours.

— Voilà une fière chance, par exemple! s'écria le crédule Jean avec surprise et admiration.

— Ah! c'est que j'étais admirablement conseillée par un prudent et adroit agent de change.

— Et que pense ce cher Christian de tout cela?

— Il ose douter, hésite à me croire, me disait-il encore ce matin dans le lit.

— Quoi! vous couchez ensemble?

— N'est-ce pas notre droit?

— Certainement. Mais alors sur quoi veut-il donc me consulter?

— Sur un chapitre très important, celui de savoir si la délicatesse, la dignité lui permettent de rétablir notre communauté et de coucher ensemble, dans le même lit.

— C'est-à-dire qu'il commence la chose et demande avis ensuite.

— C'est cela même. Que voulez-vous ? il m'aime tant, ce cher amour, qu'il n'a pas eu la force de résisler à mes caresses.

— Mais, à propos ! et ce jeune homme avec lequel vous étiez en calèche...

— Celui que vous avez pris pour mon amant, et qui n'est autre qu'un ami sans prétention, en tout bien, tout honneur !

— Eva, vous êtes une charmante folle,

dont l'amour que vous avez conservé dans le cœur pour ce bon Christian excuse les fautes et permet de fermer les yeux sur vos inconséquences... Chère enfant, au moins, serez-vous sage à l'avenir !

— Comme une image, j'en fais le serment, répliqua Eva en levant la main.

— Allons trouver Christian, alors, et lui rendre la liberté.

Eva s'empressa de conduire Jean à l'étage supérieur, et là, sortant une clé de sa poche, elle s'empressa d'ouvrir la

porte de la chambre qui servait de prison
à son mari, lequel, en apercevant son ami
Jean, s'empressa d'accourir à lui les bras
ouverts.

— Te voilà donc, ami fidèle, toi qui
viens éclairer mon esprit. Assieds-toi,
et prête à mes griefs une oreille attentive, afin de condamner ou d'absoudre,
en la plénitude de ton jugement, l'accusée
innocente ou coupable que je fais com-
paraître devant toi.

— Cher ami, la coupable en question a
été entendue. Tout ce que tu pourrais me
dire, elle me l'a dit. J'ai pesé avec sagesse
le bien et le mal, et le résumé est qu'elle a

été plus légère que coupable, et que la circonstance atténuante étant qu'elle n'a jamais cessé de t'aimer, qu'elle t'aime e t'aimera toujours, fait que je te condamne à en faire autant à son égard et de vivre en bonne intelligence, termina Jean en plaçant la main du mari dans celle de sa femme.

— Liberté! alors, s'écria gaiement Eva, pour ajouter ensuite tout bas : Hélas ! qu'il est donc facile d'en faire accroire aux hommes et de leur faire voir trente-six chandelles en plein midi !

Christian, afin de jouir de sa liberté et de dégourdir ses jambes, ne parlait rien moins que d'aller faire une promenade jusqu'à Auteuil, afin de tranquilliser ses serviteurs par sa présence ; mais Jean s'empressa de lui faire changer d'avis en lui apprenant que sa maison était occupée en ce moment par un jeune homme, un ami de Robert, nommé Henri, lequel ayant fait dans la matinée une chute de cheval, y avait été transporté sans connaissance.

— Eva, demain, ma chérie, nous irons nous informer de la santé de ce pauvre jeune homme. Qu'en dis-tu ?

— Laissons en repos ceux qui souffrent, mon chéri. Notre présence pourrait gêner ce jeune homme. Remettons notre visite à plus tard, lorsqu'on nous aura dit que sa santé lui permet de nous recevoir sans crainte ni émotion, s'empressa de dire Eva, peu soucieuse en ce moment de se trouver en présence de Henri avant de lui avoir fait part de ce qu'elle appelait sa conversion.

Christian s'étant rendu aux observations de sa femme, renonça à la promenade d'Auteuil, et engagea Jean à dîner avec eux, invitation que refusa notre musicien, en donnant pour raison, que Jeannette n'étant pas prévenue, s'inquiéterait en ne le voyant pas rentrer, et que la chère enfant, ce jour, plus que tout autre, avait besoin de lui.

Jean prit donc congé de Christian et d'Éva, après leur avoir souhaité tout le bonheur possible, et d'un pas vif s'achemina vers sa demeure, où, en rentrant, il trouva Jeannette en larmes, laquelle vint se jeter dans ses bras en sanglotant.

— Allons! qu'est-il encore arrivé? En vérité, cette journée est maudite!

Pour toute réponse, Jeannette présenta une lettre à Jean, qui s'écria en la prenant vivement :

— Comment! encore une?

Jean ouvrit et lut les mots suivants :

« Chère sœur,

« Il était écrit au ciel que jamais le bai-
« ser de ton père ne viendrait caresser
« ton front virginal. Celui auquel nous
« sommes l'un et l'autre redevables de
« l'existence, celui qui t'aurait aimé
« comme il m'a aimé, n'est plus ! Jean-
« nette, le comte de Saligny, suffoqué par
« le mal qui le torturait depuis de lon-
« gues années, vient d'expirer dans mes
« bras. Sœur, pleurons-le et prions Dieu
« pour lui. Sœur, si tu veux connaître les
« traits de ton père avant que le néant

« n'achève son œuvre de destruction, ac-
« cours, et tu trouveras encore empreint
« sur ses lèvres le dernier sourire qu'en
« expirant il adressa à son fils désolé. »

— Jeannette, mon enfant, il faut y aller; car enfin, malgré ses torts envers ta pauvre et bonne mère, cet homme est ton père, un père qui, sans doute, t'aurait aimée, dit Jean consterné, après avoir lu.

— Partons, mon ami, puisque tel est mon devoir, répondit la jeune fille.

Jean et Jeannette se mirent tristement en route, bras dessus bras dessous et atteignirent l'hôtel de Saligny, où Robert, instruit de leur arrivée, s'empressa d'accourir à leur rencontre, les yeux gonflés par les larmes qui s'en échappaient en abondance.

— Robert, conduisez-moi au lit de notre père, dit Jeannette, que Robert prit par la main pour la conduire à travers des appartements somptueusement meublés, jusqu'à la chambre mortuaire.

Jeannette s'approcha du lit où reposait le corps du défunt, sur le visage duquel elle fixa un regard attentif et plein de tristesse; puis elle s'agenouilla, prit la main encore tiède de son père, qu'elle porta à ses lèvres, puis entra en prière, prière longue et fervente, à laquelle l'arrachèrent Jean et Robert, effrayés tous deux par les douloureux sanglots qui s'échappaient de son sein.

Robert conduisit sa sœur et Jean dans un vaste salon, et là, après les avoir fait asseoir :

— Sœur, dit-il à Jeannette, tu es ici chez toi, car la fortune qu'en mourant le comte de Saligny a laissée à ses deux enfants, sera divisée en parts égales. Ici, Jeannette, tout t'appartient de moitié ;

commande, et tu seras obéie, dit Robert en pressant la main de la jeune fille.

— Merci, Robert, de votre noble désintéressement ; mais je suis assez riche du talent que m'a donné mon père adoptif, assez riche du peu de bien qu'il a su amasser, pour ne point vous priver de la totalité de la fortune de votre père, richesse qui vous est nécessaire pour soutenir dignement le titre dont vous héritez. Noblesse oblige, mon frère ; ne vous privez donc pas en ma faveur de cet or qui vous sera nécessaire pour secourir les malheureux.

— Jeannette, la fortune des comtes de

Saligny est assez considérable pour nous permettre à tous deux le luxe et la charité. Jeannette, je suis ton frère, ton aîné, et comme tu me dois obéissance, je te commande, chère sœur, d'être riche et heureuse, en ne repoussant pas ce qui t'appartient de droit dans la fortune que nous a laissé notre père.

Jeannette s'efforça vainement de persister dans son refus, mais il lui fallut céder aux instances réitérées de Robert.

Laissons un instant les enfants du comte de Saligny pleurer la perte d'un père et le bon Jean s'efforcer de les consoler de son mieux, puis revenons à

Jeanne qui, ayant été s'enfermer la journée entière dans la boutique de la place du marché Saint-Jean, qu'elle avait fait rétablir telle qu'elle était quand elle l'habitait avec son cher Jean, ne reçut que fort tard, dans la soirée, le billet que Robert avait déposé à son hôtel.

En apprenant que son fils s'était battu en duel, et qu'il était blessé, Jeanne poussa un cri de désespoir et remonta vivement dans sa voiture pour se faire conduire à Auteuil, où elle arriva comme la huitième heure du soir sonnait à l'église de ce village.

Ce fut Babet qui vint lui ouvrir la porte

du jardin, et s'informer qui elle était et ce qu'elle désirait à pareille heure.

— Voir mon enfant, mon fils qui est blessé, mort peut-être ! s'écria la pauvre mère en larmes.

— Mort ! que nenni ! Le pauvre jeune homme va déjà mieux, puisqu'il parle et demandait tout à l'heure à vous écrire, répondait Babet, tout en éclairant et en conduisant Jeanne vers la petite maison où elle l'introduisit dans la chambre où était Henri.

Jeanne courut au lit, et se pencha désespérée, inquiète et tremblante sur son fils, dont la pâleur l'effraya.

— Les malheureux ! ils ont tué mon enfant ! s'écria-t-elle en versant un torrent de larmes.

— Non, ma mère, ce n'est rien, qu'une simple blessure ; je vivrai, ma mère, pour vous chérir toujours, répondit Henri, en ouvrant les yeux et les portant tendrement sur sa mère, en s'emparant de sa main pour la baiser.

— Imprudent enfant ! peux-tu bien me causer autant de chagrin et d'inquiétude...

Te battre! risquer ta vie! lorsque tu sais que je n'ai que toi au monde pour m'aimer et me consoler?

— Ma mère, pardonnez-moi, mais il me fallait punir un homme déloyal.

— Et c'est lui qui t'a frappé. Reconnais en cela, Henri, combien un duel est absurde, puisque l'offensé peut périr par la main de l'offenseur... Henri, quel est donc l'homme odieux contre lequel tu t'es battu?

— Je le connais à peine, ma mère, et j'ignore son nom.

Monsieur, le médecin vous a défendu de parler, et vous vous en donnez trop, observa judicieusement Babet présente.

— Merci de ce prudent avertissement, ma chère fille, dit Jeanne ; puis, revenant à son fils :

— Ne parle plus, cher enfant, ne parle plus.

Henri sourit à sa mère et garda le silence.

Jeanne s'installa au chevet du lit et y

passa la nuit sans sommeil, attentive au moindre mouvement, au moindre soupir du jeune malade.

Vint le jour, et avec lui le chirurgien qui venait lever l'appareil, et des yeux duquel Jeanne ne détacha pas les siens, dans l'espoir d'y saisir la vérité sur la position de son fils.

— Allons, tout va bien. Cette plaie est dans le meilleur état possible. Des soins, quinze jours de repos au lit, et nous serons grand garçon et bien portant, fit l'homme de l'art en souriant; paroles et sourires qui soulagèrent la pauvre mère en la rendant joyeuse,

— Monsieur, nous sommes ici chez des étrangers, que notre présence peut gêner; est-ce qu'il y aurait un danger à redouter si je faisais transporter mon fils chez moi, à Paris, où vous seriez assez bon pour lui continuer vos soins? s'informa Jeanne.

— Non, madame, aucun danger, en se servant d'une litière sur laquelle serait étendu monsieur votre fils... Désirez-vous que je vous en fasse amener une, ainsi que des porteurs honnêtes et prudents? demanda le chirurgien.

— Oui, monsieur, et vous me rendrez un grand service.

Deux heures plus tard, Henri, emporté sur une riche civière entourée de rideaux, rentrait, rue d'Anjou, dans l'hôtel de sa mère.

Le dixième jour après que le jeune blessé eût quitté Auteuil, Jean, envoyé par Jeannette et Robert, s'y présentait pour s'informer des nouvelles d'Henri et faire connaissance avec celui qu'aimait sa fille et qui en était aimé.

Le désappointement de notre ami fut grand, en apprenant de la bouche de Babet, que l'homme qu'il désirait voir et connaître, avait pris la clé des champs pour retourner à Paris.

— Mon Dieu, oui, mon bon monsieur; il est parti avec madame sa mère, qui est venu le chercher; une belle, bonne et brave dame, généreuse tout plein, qui, pour me récompenser des quelques soins que j'ai donné à son fils, m'a, à son tour, donné plus d'argent que je ne suis capable d'en gagner dans une année, disait Babet d'un ton fier et joyeux, en montrant à Jean une bourse bien garnie.

— Eh bien! tant mieux, Babet, car vous êtes une bonne fille qui a eu aussi bien soin de son maître, de mon bon Christian.

— Le cher ami, ne le reverrons-nous donc plus? Est-ce que sa méchante femme ne nous le rendra jamais? demanda Babet avec intérêt et tristesse.

—Consolez-vous, ma chère fille, car votre maître, réconcilié avec sa femme, dont l'avait séparé un malentendu, serait déjà venu vous voir et vous rassurer, s'il n'avait su sa maison occupée par notre jeune blessé, répondit Jean; lequel se remit en route pour Paris, dans la riche voiture décorée de l'écusson des comtes de Saligny, laquelle l'avait amené à Auteuil, et le reconduisit à l'hôtel d'où il était parti.

Pendant les dix jours qui s'étaient écoulés, depuis celui témoin de la mort du comte de Saligny, avaient eu lieu les pompeuses funérailles de ce riche seigneur, et le déménagement subit de Jean et de Jeannette, qui, contraints par Robert, avaient abandonné leur petit et modeste appartement de la rue de Provence, pour venir habiter le plus bel appartement de l'hôtel de Saligny, riche demeure où, d'après la volonté de son frère, Jeannette devait régner en grande dame et maîtresse, ayant à ses ordres une foule de serviteurs empressés, et de magnifiques équipages. Mais hélas! tout ce luxe n'était pas ce qu'enviait la pauvre enfant, dont le cœur soupirait tout bas en pensant à Henri, et sur le charmant visage de qui régnait une profonde tristesse, laquelle s'harmonisait avec les lugubres vêtements de deuil qui la couvraient.

— Jeannette, tu es triste?

— Est-ce qu'il ne doit pas en être ainsi, après la perte récente et douloureuse que nous venons de faire, mon cher Robert?

— Certes, que je te sais gré de la douleur que tu partages avec moi, cher petite, mais, avoues-moi franchement, qu'au regret que te cause la perte d'un père qui t'aurait aimé, se mêle encore un autre souvenir, celui d'Henri, que tu aimes et désire.

— Robert, qu'osez-vous dire? mais vous ne réfléchissez donc pas, mon ami, que je connais à peine ce jeune homme, répondit Jeannette en rougissant.

— Jeannette, l'amour est un mal subit qui se gagne par les yeux et va vite au cœur. Oui, je te le répète, tu aimes Henri, qui est digne de toi, et à l'alliance duquel peut te permettre de prétendre ta nouvelle position. Or, chère sœur, j'ai mis dans ma tête de te marier avec Henri, qui est le meilleur des hommes, et je t'y marierai. C'est donc pour l'accomplissement de ce projet que j'ai prié notre ami Jean de se transporter ce matin à Auteuil, pour s'informer d'abord de l'état d'Henri, et entamer ma réconciliation avec lui, en lui portant des bonnes paroles de ma part, et l'assurance qu'il est aimé de toi.

— Aimé ! Comment Robert, vous avez envoyé lui dire cela ? fit Jeannette, toute rouge et tremblante.

— Certainement, et pareil aveu, sorti des lèvres d'un homme tel que Jean, sera accepté avec toute la joie et la confiance possibles.

— Ah ! Robert, Robert, comme vous abusez de votre empire sur moi, au point de me compromettre aux yeux d'un homme auquel je n'ai jamais adressé que des paroles désobligeantes, et que même je n'ai jamais regardé en face.

— Assez cependant pour pouvoir reproduire ses traits chéris sur le papier que voilà, et qu'hier tu as oublié sur la table du salon, sans doute après l'avoir sorti d'une cachette pour l'admirer tout à ton aise.

En disant ainsi et en souriant, Robert présentait à sa sœur le portrait d'Henri, dessiné au crayon sur un petit carré de papier, et duquel la vue jeta Jeannette dans un trouble extrême, qu'elle essaya de dérober en cachant son visage dans ses deux mains.

— Ainsi, mademoiselle, vous voilà confondue, et ce dessin accusateur ne vous permet plus de nier votre crime, si toutefois c'en est un que d'aimer un jeune et joli garçon qui vous adore, et en apprenant que vous partagez ses sentiments, est capable de mourir de joie.

Comme Robert terminait ces derniers mots, le roulement d'un carosse se fit entendre dans la cour de l'hôtel.

— Parbleu! nous allons savoir à quoi

nous en tenir sur le compte de ce bien-aimé, car voilà notre ami de retour, reprit Robert, après avoir été jeter un coup d'œil à travers les vitres de la fenêtre.

— Ah! Robert, que vous me faites de tourment et de bien, fit Jeannette, en se jetant dans les bras de son frère, position dans laquelle la trouva Jean, en entrant dans la chambre où se passait cette scène.

— Eh bien! cher ami, quelle nouvelle? Hâtez-vous de nous instruire, car vous voyez en Jeannette une amante éplorée et impatiente, une coupable qui osait nier ce qui est vrai ; que j'ai su convaincre, en lui exhibant le portrait en question, s'écria Robert.

— Eh ! mes chers enfants, rien de nouveau, n'ayant trouvé personne dans la maison, vu que la mère de notre jeune homme nous l'a enlevé, il y a dix jours de ça, pour le ramener chez elle, répondit Jean.

— Alors, cher ami, c'est rue d'Anjou qu'il faut aller trouver Henri, où sa mère, belle et excellente créature, vous accueillera avec courtoisie.

— Mais, Robert, observa Jeannette,

pourquoi ne pas faire cette démarche vous-même?

— C'est juste, puisque c'est moi qui ai eu les torts, c'est moi qui dois revenir le premier et faire des excuses à ce bon Henri, envers lequel je m'avoue bien coupable sur tous les points.

— Ah! ça été bien mal à vous Robert, d'être méchant avec un ami!

— Deux coqs seuls dans une basse-cour vivaient en paix, une poule parut, la guerre fut déclarée... Inutile, Jeannette, d'achever cette fable, que vous connaissez sans doute, à laquelle je pourrais encore ajouter l'histoire d'Hélène, dont la fatale beauté causa la ruine de Troie ; mais tout cela serait trop long, et je préfère me rendre tout de suite chez Henri.

Cela dit, Robert embrassa sa sœur et monta en voiture à la grande et secrète satisfaction de Jeannette.

— Décidément, nous n'avons pas de chance, ma chère petite sœur. Il y a quatre jours que Henri et sa mère sont partis pour Fontainebleau, où ils doivent passer un mois dans une petite maison qu'ils ont louée près de la forêt, disait Robert, aussitôt de retour.

— Diable ! voilà des gens qui jouent à la cligne-musette avec nous, à ce qu'il paraît, puisqu'ils nous échappent au fur et à mesure que nous courons après eux, observa Jean.

— Voyons, Jeannette, renfonce cette petite moue, que diable ! Fontainebleau n'est pas au bout du monde, et rien ne nous empêche d'y relancer nos gens, fit gaiement Robert en remarquant l'expression de tristesse qui s'était répandue sur le visage de la jeune fille.

— Quinze lieues, pas davantage, et c'est moi qui consens à les franchir aujourd'hui même, mon cher Robert. Les affaires de famille que vous avez à régler avec les hommes d'affaires qui vous tombent sur les bras à chaque instant du jour, vous empêchent de vous absenter... Oh! soyez sans inquiétude, et comptez sur moi pour amener les choses à bien, car je m'engage à vous rapporter un traité de paix et d'alliance en bonne forme, si, comme je le présume, Henri aime toujours notre Jeannette, et si madame sa mère est l'excellente femme que vous m'avez dépeinte.

Cette offre, faite et acceptée, Jean se mettait en route pour Fontainebleau, dans une excellente berline de voyage, qu'emportaient deux vigoureux chevaux de poste.

— Ah! ma mère, ma bonne mère, que je suis malheureux! s'écriait Henri encore pâle et sans force, tenant une lettre à la main, en voyant entrer sa mère dans la chambre où il était étendu dans un vaste fauteuil.

— Qu'as-tu donc, mon ami, et quelle nouvelle peut t'affliger ainsi? fit Jeanne en accourant près de son fils, pour l'entourer de ses bras et le couvrir de caresses.

— Ma mère, vous savez qu'avant de quitter Paris, j'ai chargé Pierre, mon valet de chambre, d'aller s'informer adroitement de Jeannette et de la conduite du

perfide Robert? Eh bien! le croirez-vous?
cet homme m'écrit que Robert, aussitôt
après la mort de son père, a décidé Jeannette et M. Flameti à venir habiter son
hôtel, or, comprenez-vous, ma mère,
toute l'inconvenance d'une pareille démarche de la part d'une jeune fille que je
croyais la prudence, la délicatesse en
personne; comprenez-vous l'audace, la
ruse de ce Robert qui, pour mieux assurer le succès de sa séduction, s'empare de
cette pauvre fille! de celle que j'aimais
d'une ardeur sans pareille, et dont la possession eût été pour moi le bien suprême!
Et ce Flameti, cet imprudent qui ne devine pas le piége infâme que tend un suborneur à son enfant, dont sa faiblesse,
son imprévoyance causera la perte et le

déshonneur. Ah! ma mère, combien cette affreuse pensée est douloureuse pour mon cœur! acheva Henri en versant des larmes.

— Mon fils, d'après les couleurs avantageuses sous lesquelles tu m'as dépeint ce M. Flameti et sa fille, je ne puis croire que ces gens, sans un motif grave, aient pu accomplir une semblable démarche, dont la moindre conséquence serait de nuire à la réputation de la jeune fille, de la perdre aux yeux du monde, quand bien même elle sortirait innocente et pure de la demeure de Robert. Henri, cet aveuglement de la part du père d'une jeune fille est impossible. Pierre se sera trompé, aura mal entendu, ou des méchants se seront joué de sa crédulité en lui faisant de faux rapports. Que Robert soit tombé amoureux de la même femme que toi, et qu'il ait employé la ruse pour t'éloigner d'elle et l'emporter sur toi, tout cela n'est qu'un jeu d'amant et n'a rien de surnaturel; mais qu'un père, un honnête homme, à ce que tu assures, soit assez imprudent pour jeter sa fille dans les bras d'un séducteur, c'est chose impossible! Il y a en tout cela un mystère que nous ignorons, et qui a dû légitimer la conduite de cet homme.

— Ma mère, c'est vainement que vous cherchez à rassurer mon cœur désolé. Ma mère, au nom du ciel, laissez-moi retourner à Paris.

— Y penses-tu, imprudent enfant! dans l'état de faiblesse où tu te trouves, et à peine si ta plaie est fermée, que tu veux courir chercher de nouvelles émotions qui te seraient mortelles, peut-être! Henri, tu ne penses donc pas à ta pauvre mère, que tu vas laisser seule au monde! ta mère qui, pendant vingt années, a été la plus malheureuse des femmes! Et c'est lorsque ta possession, ton amour filial la consolent un peu de la perte d'un époux chéri, regretté, et versent sur ses douleurs un baume consolateur, que tu veux l'abandonner, courir de nouveau la chance d'un duel, en voulant arracher cette femme aux mains de ton rival! Non, Henri, non! tu ne partiras pas, tu ne quitteras pas une mère qui, te sachant loin d'elle, frémirait à l'idée de ne plus te revoir, de te perdre comme elle a perdu ton père !

— Madame, un monsieur qui arrive de Paris demande à vous parler, vint dire un domestique.

—Faites monter cette personne au salon, je m'y rends à l'instant, répondit Jeanne.

Puis, s'adressant de nouveau à son fils :

— Henri, quelle peut-être cette personne qui vient nous visiter jusque dans ce pays? Enfant, c'est peut-être le messager du bonheur, c'est peut-être l'explication de l'énigme mystérieuse qui nous occupe, que nous envoie Jeannette.

— J'en doute, ma mère, car le bonheur n'a pas pour habitude de courir après nous. Enfin, allez, mère bien-aimée, et hâtez-vous de revenir consoler de nouveau votre malheureux enfant.

Jeanne embrassa Henri et se dirigea au salon, où le visiteur l'attendait, assis dans un fauteuil, auquel il s'arracha pour saluer la dame, lever les yeux sur elle, pousser un cri et tomber sans connaissance sur le parquet.

— Jean ! mon mari ! mon bien-aimé ! c'est donc toi que je retrouve, toi qui m'es rendu après vingt-quatre ans d'absence ! Jean, reviens à toi, reconnais ta Jeanne, ta femme chérie, celle qui n'a jamais cessé de t'aimer, de penser à toi ! s'écriait Jeanne en s'efforçant de ranimer son mari, qu'elle avait reconnu, qu'elle pressait dans ses bras en l'inondant de ses larmes.

Jean pousse un soupir, puis renaît, ouvre la paupière.

— Jean, tu m'as reconnue, oui, c'est moi, moi ta Jeanne bien-aimée qui t'est rendue.

— Jeanne, chère Jeanne, oui, je te reconnais. Jeanne, j'ai peur que l'excès du bonheur ne me fasse mourir.

— Non, non, tu vivras pour être aimé de ta femme, pour aimer Henri, ton enfant, dont la voix t'appelait, qui t'aime et te respecte.

— Henri serait mon fils! Ah! merci, mon Dieu! merci, vous qui me rendez tant de trésors à la fois! s'écria Jean en levant ses yeux et ses mains vers le ciel, Jean que Jeanne avait aidé à se relever, qu'elle soutenait dans ses bras en le pressant sur son sein, sur son cœur.

— Viens, viens embrasser ton fils,

viens ! reprit-elle en entraînant son mari.

— Henri, je te le disais bien que c'était le bonheur qui venait nous visiter. Henri, voilà ton père, fit Jeanne en montrant Jean.

— Mon père, ah ! soyez le bienvenu, et qu'il soit béni le jour heureux qui vous rend à notre tendresse ! s'écriait le jeune homme en tombant aux genoux de son père, pour passer aussitôt dans ses bras, et en recevoir le premier baiser.

Assez essayer de dépeindre les transports doux et joyeux de nos trois amis, qui, après un long laps de temps consacré aux plus tendres discours, aux plus touchantes caresses, à se raconter de leur passé, leurs malheurs et leurs cuisants regrets, lorsque Jean, qui avait raconté le dernier, eut achevé le récit de ses aventures, Henri, qui venait d'apprendre que Jeannette était la sœur de Robert et que, lui, Henri, était tendrement aimé d'elle, le jeune homme se livra aux transports d'une joie délirante.

— A Paris, mes chers parents, à Paris ; car maintenant je suis guéri, entièrement guéri, s'écria Henri.

— Oui, nous partirons demain, mon enfant ; mais permets à ton père d'achever ici, entre nous, le reste de cette heureuse journée, dit Jean.

— Henri, laisse-moi demander à Jean Flameti la main de mademoiselle Jeannette Pernard, sa pupille, pour mon fils Henri Flamet, dit Jeanne, heureuse, en souriant.

— Accordé! répondit Jean.

Le lendemain, Jean se présentait seul devant Robert et Jeannette, qui attendaient son retour avec impatience.

— Eh bien! cher père, quelle nouvelle? Avez-vous enfin réussi à voir monsieur Henri et sa mère? s'informait vivement Jeannette en embrassant Jean.

— Je les ai vus, et je leur ai même parlé.

— Avez-vous été bien reçus d'eux ? s'informa Robert.

— Si bien, que la mère du jeune homme a même exigé que je partageasse son lit.

— Quelle plaisanterie! fit Robert en riant.

— Ah! bon père! vous si plein de modestie, comment osez-vous dire une pareille chose? fit Jeannette en rougissant.

— Vous ne me croyez pas, mes petits amours? Eh bien ! demandez-lui si je suis un menteur, répondit Jean en allant vivement ouvrir la porte à Jeanne et à Henri, Henri dans les bras duquel se jeta Robert, tandis que Jeannette, à qui Jean venait de présenter sa femme, s'agenouillait respectueusement devant elle en lui disant :

— Madame, bénissez celle que votre mari a aimée comme son enfant.

— Cher ange, qu'il soit fait comme tu le désires, toi dont les tendres soins, les douces caresses ont consolé mon époux, toi qui vas devenir la compagne de mon fils ; oui, sois bénie ma fille bien-aimée, répondit Jeanne en pressant Jeannette sur son cœur.

FIN.

TABLE DES CHAPITRES

	Pages
Chapitre I.	1
— II.	41
— III.	103
— IV.	143
— V.	163
— VI.	207
— VII.	237

FIN DE LA TABLE.

Fontainebleau. — Imp. de E. Jacquin.

NOUVEAUTÉS

LE CHAMPION DU ROI
PAR FÉLIX COURTY
4 vol. in-8°, avec affiche à gravure. — Net : 16 fr.

LE PORTEFEUILLE DU DIABLE
PAR ÉTIENNE ÉNAULT
3 vol. in-8° avec affiche à gravure. — Net : 12 fr.

LA SŒUR DE MOÏSE
PAR VILLENEUVE
2 vol. in-8° avec affiche à gravure. — Net : 8 fr.

LES MYSTÈRES DU LOUVRE
PAR OCTAVE FERRÉ
6 vol. in-8° avec affiche à gravure. — Net : 24 fr.

UNE FILLE A MARIER
PAR MAXIMILIEN PERRIN
2 vol. in-8° avec affiche. — Net : 8 fr.

LES FEMMES
PAR DE MARCHEF-GIRARD
Avec une lettre de M. de Lamartine.

Un volume in-8° de 36 feuilles.

TROIS AMOURS
PAR LA COMTESSE D'ASH
3 vol. in-8° avec affiche. — Net : 12 fr.

SCEAUX (SEINE). Imprimerie de E. DÉPÉE.

www.ingramcontent.com/pod-product-compliance
Lightning Source LLC
Chambersburg PA
CBHW071505160426
43196CB00010B/1433